Zurückkehren in die alte Heimat, in die man niemals wieder kommen wollte. Eine neue, alte Heimat aufbauen. Erinnerungen anderer Leute als Obsession. Fremde Ansichten der eigenen Heimat. Das Gefühl, nicht dazuzugehören. Die eigene Verortung in der Fremde, die ein Stück weit zur Heimat wird.

19 Kurzgeschichten über die komplizierte Beziehung zwischen Heimat und Fremde. Geschichten über den Verlust der Heimat. Geschichten über ihre Wiederentdeckung, über Rückkehr und Sehnsucht. Geschichten von Fremden und vom eigenen Fremdsein. Geschichten vom Dazugehören und vom Außenseitertum. Geschichten vom Ort des eigenen Lebens in Heimat oder Fremde.

Im Teil »Fremde« beinhaltet dieser Band auch die sieben Siegergeschichten des Schreibwettbewerbs »Ich gehöre nicht dazu ...« anlässlich des Eichstätter Literaturfestivals »LiteraPur14«.

Michael Kleinherne, Dominik Neumayr
und Gerhard Trautmannsberger (Hrsg.)

Heimat/ Fremde

Erzählungen

Bayerischer Poeten- & Belletristik-Verlag
Reichertshofen

Originalausgabe
Mai 2015

Umschlaggestaltung: Gerhard Trautmannsberger
Lektorat: Dominik Neumayr & Gerhard Trautmannsberger
Satz: bp-Verlag, Reichertshofen
Text gesetzt aus der Judson
Druck und Bindung: Sowa Druk, Warschau
Printed in Poland
ISBN 978-3-944000-10-7

> http://www.bp-verlagshaus.de/
> http://young-bavarian-poets.myblog.de/

Inhalt/Heimat

Heimkehr 11
von Gerhard Trautmannsberger

Das seltsame Hobby des
bodenständigen Herrn Rieder 17
von Alexander Bálly

Das Risiko Heimat 31
von Dominik Neumayr

Ansichten 41
von Michael Kleinherne

Zwei Menschen 45
von Patrick Heggenberger

Frau Huber macht Probleme 63
von Jens Rohrer

Die Fahrt 69
von Stefan Brückl

Kneipenbesuche 79
von Michael von Benkel

Eusebio 93
von Robert Trautmannsberger

Soziales Engagement 105
von Johannes Schweigardt

Die beiden Gefährten 111
von Linus Ubl

Ferne Lichter 117
von Miriam Lanz

Inhalt/Fremde

Todeskuss 155
von Luisa Raithel und Ann-Kathrin Schwegler

Unter Wasser 165
von Erik Hecht

Dinge, die ein Frankfurter nicht sagt 171
von Sonja Böll

Der Fremdling 177
von Tobias Benzinger

Circle of Life 185
von Lukas Geiger

Rebecca 195
von Sophia-Marie Zimmermann

Eine komplizierte Beziehung 199
von Cincia Tanzella

Biografisches 207
zu den Autoren dieser Anthologie

Vorwort

»Fremd ist der Fremde nur in der Fremde«
– Karl Valentin

Heimat und Fremde. Zwei auf den ersten Blick gegensätzliche Schlagworte, zwei imaginierte Orte, zwei Gefühlswelten.

In der Heimat, da sind wir daheim, da kommen wir her, da fühlen wir uns geborgen, damit verbinden wir uns, daher beziehen wir einen Teil unserer Identität. Wir denken an Kindheit, Kirche, Vereinsleben, wir denken an Eltern, Freunde, Schule, wir denken an unsere Ursprünge, an einen Sehnsuchtsort.

Auf der anderen Seite steht Fremde. Ein Begriff, der anderes bezeichnet, all das vereinnahmt, was wir nicht kennen, an Orte da draußen, die wir noch nicht gesehen haben, zumindest nicht selbst und wir denken an das Fremde, das in unsere Lebenswelt eindringt in Form von Menschen, in Form von Ereignissen, von Veränderungen.

Doch hinter diesem Begriffspaar steht noch mehr. Heimat ist nicht zwangsläufig der Sehnsuchtsort, an den es uns zurückzieht, der uns zur Erlangung unseres Glücks notwendig erscheint. Heimat kann auch ein Ort sein, ein Gefühl, dass wir zurücklassen wollen, vor dem wir flüchten in eine Fremde hinein, die uns vielleicht zu einer neuen Heimat werden kann.

Und denken wir noch weiter, können gar wir selbst die sein, die fremd sind woanders, die nicht dazugehören, ein Fremdkörper sind in der eigenen Wahrnehmung oder der der anderen, die plötzlich nicht mehr die Fremden sind, weil sie selbst zuhause sind, weil es ihre Heimat ist. Heimat und Fremde sind keine Fixpunkte, die in Stein gemeißelt sind. Sie sind immer abhängig von Standpunkt und Blickwinkel, von Fremdwahrnehmung und Selbstwahrnehmung. Oder um auf das Zitat Karl Valentins im Eingang zurückzukommen: »Fremd ist der Fremde nur in der Fremde«.

In diesem Sinne freuen wir uns, den Brückenschlag wagen zu können mit einer Anthologie, die das nur scheinbare Gegensatzpaar Heimat und Fremde zu vereinen sucht. Im ersten Teil finden wir unterschiedlichste Blickwinkel und Herangehensweisen an das diffizilie und gefühlsbetonte Thema ›Heimat‹. Im zweiten Teil sind wir besonders stolz, die Siegergeschichten aus dem Schreibwettbewerb des Eichstätter Uni-Literaturfestivals LiteraPur14 abdrucken zu dürfen. Diese sieben Geschichten von Schülern, Studenten und Dozierenden, die unter dem Motto »Ich gehöre nicht dazu ...« entstanden sind, firmieren zusammen unter der Überschrift ›Fremde‹.

Damit bleibt uns nur noch, Ihnen als Leser dieser Geschichtensammlung viel Freude zu wünschen und eine erkenntnisreiche Lektüre.

Die Herausgeber

Heimat/Fremde

Heimkehr

von Gerhard Trautmannsberger

Der Bahnhof, die Schule und das Rathaus. Das alles hatte sich nicht geändert. Die roten, die braunen Ziegeldächer, die sauber gemauerten Schornsteine, die unebenen Gehsteige, die Luft und die Menschen. Eigentlich hatte sich nichts geändert. Außer ... doch ... die Menschen. Auf den ersten Blick waren es dieselben und doch. Und doch war es nicht mehr dasselbe. 23 Jahre, 2 Monate und 5 Tage. Es gab keinen vernünftigen Grund, warum sich nichts, aber auch wirklich gar nichts geändert haben sollte. Sogar die Luft. Landluft – und doch, nicht schlecht, nicht stickig, aber verbraucht, nicht die Luft, die man zum Atmen braucht. Sagte ich damals und denke ich leise heute.

Mich hat keiner wieder hierher eingeladen. Hätte genauso gut fernbleiben können, denken sie und ihre Blicke verraten es. Ich kenne sie noch immer. Fremde hat man hier noch nie gebraucht und ich bilde keine Ausnahme mehr von dieser Regel. Ich bin nun auch einer von denen, die beim Vorbeifahren freundlich winken und froh sind, wenn der Anblick vorüber zieht. Verstehen kann ich beide. Sie brauchen keinen und keiner braucht sie. So etwas beinhaltet nie besonders viel Sentimentalität und oft genug ist es der erste Schritt in eine falsche Richtung. Selbst wenn es nichts zu bereuen gibt, gibt es genauso wenig, auf das man stolz sein könnte. Aber jetzt stehen sie dort drüben und hier stehe ich und irgendetwas zuzugeben oder auf irgendetwas zuzugehen wäre der erste Schritt zurück und keiner will da hin. Da sind wir uns ausnahmsweise einmal einig. Und ja, die Luft ist immer noch genau so beschissen wie damals.

Ich stehe mit 200 Menschen auf dem Friedhof und möchte eigentlich weinen, weil ich mir vorstelle, dass das so sein muss und weil es eigentlich meine Eltern waren und außerdem: Welchen Grund sollte es jetzt geben, es nicht zu tun. Es wäre richtig, meinen sie und ich bin mir nicht sicher, was ich meinen soll und ob man über so etwas diskutiert. Vom Himmel fällt leichter Regen aus kitschig grauen Wolken, die den unverhangenen Himmel fast vergessen machen, denke ich und sie würden sagen, das ist geschmacklos und vielleicht stimmt das ja auch. Zumindest ist es das, dessentwegen ihre Blicke mich anzuklagen versuchen, solange wir hier stehen und es regnet und selbst der Priester ist nicht wirklich bei der Sache. Er ist betrunken und jeder weiß es und keiner spricht es aus, weil es nie anders war und wenn er nachher beim Leichenschmaus an einem Tisch mit den Honoratioren sitzt, dann lässt er sich gerne noch einen nachschenken für die Verdauung und auch das kennen sie hier und es wäre noch ein Grund, nie mehr wieder zu kommen. An solche Dinge erinnere ich mich seltsamerweise, aber weniger an die schönen und ich würde es gerne, aber vielleicht ist das jetzt einfach nicht drin. Stattdessen werden die Särge einer nach dem anderen hinabgelassen in die ausgehobene Grube von kräftigen Burschen, deren ich mich noch als triefnäsige Rotzbengel aus Kindergartenzeiten zu erinnern glaube. Ich bin mir nicht sicher, ob nur einer von ihnen jemals nicht hier sein wird und genauso wenig bin ich mir sicher, ob ich hier sein sollte, aber auch diesen Gedanken hatte ich schon und es wird nicht besser, wenn er sich zu wiederholen beginnt. Der Anstand gebietet mir, standhaft zu bleiben und alles zu ertragen, was ich mir selbst aufbürde. Drüben vor der Aussegnungshalle stehen der Bürgermeister und einige der Lehrer, die ich selbst schon erduldete. Es hat sich nichts, aber auch wirklich gar nichts geändert. Sogar der Schnauzbart des Bürgermeisters ist derselbe. Nur grau ist er geworden.

Einige der Menschen, die geglaubt haben, mir ihr Beileid beteuern zu müssen, saßen mir gegenüber, als meine Eltern unter der Erde waren und wir uns endlich zum Essen hinsetzen konnten beim Dorfwirt. Zur Vorspeise gab es etwas wie Hochzeitssuppe und Braten als Hauptgang. Ich begnügte mich mit Salat und erntete dafür mitleidige Blicke, doch war mir das einerlei. Ich sah den Volksschulrektor auf einem fetten Knödel herumkauen und schmatzen und es erinnerte mich an meine Zeit im Internat und daran, welche Wonne es war, nicht jeden verdammten Tag hier sein zu müssen, in diesem Loch, das mein Leben verschluckt hat. Als die Nachspeise gereicht wurde, bekam ich einen Würgereiz, rannte unter den verständnisvollen Blicken der Aasgeier zur Toilette und übergab mich in das Waschbecken. Ich konnte kaum den Augenblick erwarten, da ich die Rechnung beglichen und jeden einzelnen mit einem herzlichen Handschlag verabschiedet hatte. Ich solle doch ruhig öfter kommen, sagte die Wirtin, die mich kannte, seit ich ein kleiner triefnäsiger Rotzbengel war und ich fragte mich, ob sie es so meinte. Was ich mit dem Haus anstellen wolle, fragte sie dann, doch ich wusste es noch nicht. Wenn ich Hilfe brauche, ich wisse ja, sagte sie dann. Ich nickte und sagte Danke, weil man das so tut.

Das Haus war ein Thema, dem ich mich bis jetzt noch nicht hatte stellen wollen. Fürs Erste hatte ich nur eine Kiste dabei für Sachen, die ich noch brauchen konnte und beim Rest würde man dann schon sehen. Man konnte fast alles auch aus der Ferne regeln. Ein Bekannter meiner Eltern hatte mir angeboten, mich mitzunehmen, das Haus liege ja praktisch auf der anderen Seite der Stadt und ich wollte am liebsten verbessern ›Dorf‹, doch lehnte einfach dankend ab. Ein kleiner Fußweg würde mir jetzt gut tun, also ging ich mit am Rücken durchgeschwitztem Hemd und der Kiste in der Hand durch die drückende Sommerhitze. Diese Hitze hatte ich noch nie ertragen können und jeder bekannte Straßenname, den ich las, machte es mir noch ein bisschen schwerer, das alles hier mit der nötigen Fassung zu tragen. Ein paar alte Leute, die am Vormittag noch neben mir unter einem Schirm am offenen Grab gestanden hatte, grüßten mir jetzt aus ihren pedantisch gepflegten Vorgärten entgegen ohne falsche Scham oder sonst eine Gefühlsregung, die mir verraten hätte, dass es sich hier um echte Menschen handelte und ich fragte mich, ob ich das alles nicht geträumt hatte und diese Leute gar nicht kannte. Aber es waren die Hubers, die Müllers, die Maiers und ich hatte eine überproportionierte Kiste in der Hand und für normal hielten wir das wohl beide nicht.

Auf halber Strecke wurde mir das Tragen dann doch zu viel und ich setzte mich unter einen hohen Baum in den Schatten. Zumindest ein Kunststück, das einem in der Stadt schwerer fällt, denke ich und als ich gerade wegzudösen drohte und wünschte, ich wäre irgendwo, aber bloß nicht hier, hörte ich eine Frauenstimme meinen Namen rufen und als ich die Augen langsam wieder aufbekam, sah ich sie und sie hätte ich wirklich nicht sehen sollen, aber ich hatte mich auch nicht wirklich bemüht, es nicht zu tun. Sie konnte nicht erraten, was ich dachte und fragte mich, ob sie mich mitnehmen könne – in ihrem Cabriolet, ergänzte ich, nicht ohne Spott, aber selbst das war unangebracht. Ich stieg ein und erst, als sie wieder losgefahren war, fragte sie mich, wo ich hinwollte, obwohl sie es natürlich längst erraten hatte. Während der Fahrt sah ich fast nur ihr langes braunes Haar im Fahrtwind wehen und gab mir gar nicht die Mühe, es irgendwie verbergen zu wollen, denn 1) kannte sie mich gut und 2) wieso hätte ich sie denn nicht ansehen sollen. Meine Kiste lag die ganze Zeit über unbequem auf der engen Rückbank, weil es einen richtigen Kofferraum nicht gab. Praktisch, hatte ich im Scherz bemerkt und sie hatte gelacht, wie sie es immer tat, wenn ich witzig sein wollte. Als sie fragte, ob ich mich noch an unsere erste Begegnung auf dem Schulhof erinnern konnte, schloss ich mit einem leichten Lächeln die Augen und versuchte, alles um mich herum nur für einen kurzen, flüchtigen Moment auszublenden und einmal glücklich zu sein.

Ja, und wie ich mich erinnerte.

Das seltsame Hobby des bodenständigen Herrn Rieder

von Alexander Bálly

Ich glaube, ich kenne niemanden, der so bodenständig war wie Herr Rieder. Vor neun Jahren zog ich ins Haus ein und er war immer da. Nicht einmal ist er weggefahren. Selbst Frau Pfister aus dem dritten Stock besucht einmal im Jahr ihre Schwester in Rosenheim und fährt zu Weihnachten immer für ein paar Tage zu ihrem Bruder nach Regensburg. Herr Rieder nicht.

Auch ich selbst bin das, was Vogelforscher wohl mit standorttreu bezeichnen würden. Auch wenn mich immer wieder mal das Fernweh plagt, bleibe ich doch brav daheim. Aber selbst ich fahre etwa zwei- oder dreimal im Jahr zu meiner Mutter ins Allgäu. Da bleibe ich etwa eine Woche. Dann ist meine Wäsche geflickt, ich habe wieder all meine Lieblingskuchen gegessen und mir an ihren unablässigen Ermahnungen meine Nerven wundgescheuert.

Sie hat ja recht. Ich habe immer noch nichts aus mir gemacht, bin nichts und habe nichts. Doch wer stellt einen abgebrochenen Philosophiestudenten ein? Taxiunternehmer, genau. Und Taxi bin ich gefahren. Sehr gerne sogar. Ich lebe in einer kleinen Universitätsstadt und sie ist mir nicht zuletzt durch den Droschkendienst zur wohlvertrauten Heimat geworden. Als Taxifahrer, das bildete ich mir ein, trug ich meinen eigenen und sehr persönlichen Teil zum Funktionieren dieses komplexen Organismus bei. Doch nun ist mein Lappen weg und ich lebe seit über einem Jahr von Hartz IV. Kein Geld für Reisen. Doch selbst einer wie ich ist ein Weltreisender im Vergleich zu Herrn Rieder.

Frau Pfister zufolge hat er seit 1962, damals war er ins Haus eingezogen, nicht einmal anderswo übernachtet. Er war ein freundlicher, aber sehr pedantischer Mann, eine graue Maus, ein Beamter durch und durch und absolut berechenbar.

Am Montag und am Donnerstag, jeweils um 9.00 Uhr leerte er seinen Müll aus. Einkaufen ging er montags, donnerstags und samstags, immer zum Supermarkt um die Ecke. Dienstags brachte er einen Korb mit Altglas weg und am Freitag sein Altpapier.

Die Freitage boten auch die einzigen Gelegenheiten, ihn mit Reisegepäck zu sehen. Sein Altpapier packte er in einen kleinen schwarzen Rollkoffer. Mit dem bestieg er freitags die Trambahn um 16.07 Uhr und fuhr damit zu einer Altpapiersammelstelle. Ich habe ihn gefragt, warum er nicht die bei uns um die Ecke nehmen wollte. Nur einen Katzensprung entfernt. Doch da, das erklärte er mir, müsse er 47 Stufen hinauf und 47 Stufen hinabsteigen. Das Treppensteigen aber sei etwas, was seine Knie nur mehr unter Protest mitmachten. Der Container, den er mit der Straßenbahn ansteuere, sei zwar weit entfernt, doch mit Hausflur,

Straßenbahn und Gehsteigen seien es insgesamt nur 32 Stufen.

Das war Herr Rieder. Knochentrocken. Beim besten Willen kann ich mir niemanden denken, der bodenständiger, ortstreuer oder weniger von Fernweh geplagt war als er. Ob er seine Heimat liebte, der er so unverbrüchlich die Treue hielt? Ich kann es nicht sagen. Darüber hat er nie gesprochen. Ich dachte einmal, er wäre vielleicht einer der Menschen, die Orten gegenüber völlig leidenschaftslos sind. Warum hätte er verreisen sollen? Eine Reise brachte ihn nur an einen anderen Ort, ebenso bedeutungslos wie sein Zuhause, nur mit einer guten Portion Unannehmlichkeiten, weil der andere Ort noch fremd und unvertraut ist. Nun aber weiß ich: Das traf die Wahrheit ganz und gar nicht. Doch was immer Herr Rieder über seine Heimat dachte und die Fremde, es bleibt sein Geheimnis.

Herr Rieder musste nun doch verreisen, seine letzte Reise, mit einem kleinen Zwischenstopp in einer Aufbahrungskammer am Ostfriedhof. Letzten Mittwoch ist er friedlich gestorben, auf der Bank in der winzigen Grünanlage, wo er immer mittwochs von 15.00 Uhr bis 17.00 Uhr saß und Tauben fütterte. Er hat sich hingesetzt und starb – ganz entgegen seiner Gewohnheit. Ein Schlaganfall oder ein Anoyrisma, vielleicht ein Infarkt – wer mag das sagen?

Tags darauf fragte mich die Hauswirtin, Frau Zöbelein, ob ich seine Wohnung entrümpeln wolle. Für 300 Euro cash und schwarz. Bei einem so ordentlichen Menschen wie Herrn Rieder würde der Arbeitsaufwand kaum ins Uferlose gehen. So sagte ich zu. 300 Euro sind in meiner Situation ein sehr gutes Argument.

Zuvor wollte Frau Zöbelein noch mit der einzigen Verwandten des verewigten Rieders, einer Nichte, durch die Wohnung gehen, damit diese alles, worauf sie Wert lege, aus der Wohnung holen könne. Ich sah die Nichte kommen, eine kleine, rundliche Frau in unvorteilhafte Farben gekleidet und mit einem sauertöpfischen Zug um den Mund. Und dann kam wenig später die Polizei, was mich sehr verwunderte. Von Frau Zöbelein erfuhr ich, dass sie in der Wohnung etwas so Seltsames gefunden hatten, dass sie die Sheriffs kommen ließ, nur zur Sicherheit.

»Ja, was haben's denn gefunden, Frau Zöbelein?«, fragte ich.

»Fotoalben«, hauchte sie. »Dutzendweise Fotoalben. Ein ganzes Regal voll.«

»Ich wusste gar nicht, dass er fotografiert hat«, meinte ich und sah vor meinem geistigen Auge schlüpfrige Bilder von Damen mit und ohne Schlüpfer vor mir. Ich wollte grade grinsen. Doch ein Blick auf Frau Zöbelein ließ mich verstummen.

»Er hat gar keine Kamera gehabt, aber all die Alben sind voller Bilder, voller Urlaubsbilder!«
»Urlaubsbilder?«

»Genau! Aus Italien, Frankreich, sogar aus Island und Amerika. Und das, wo er doch nie ...«

»Wo er doch nie weggefahren ist.«

Die dicke Nichte durfte einstweilen nichts mitnehmen und zwei Polizeibeamte in Zivil blieben bis zum Wochenende in der Wohnung. Dann rückten sie ab.

»Sie haben auch keine Erklärung!«, teilte mir Frau Pfister mit. »Sie wissen nicht, wie er an die Fotos gekommen ist, noch von wem sie stammen. Aber es gibt keinen Hinweis auf ein Verbrechen. Da können sie nichts weiter machen. Vielleicht hat er ja bei Trödlern alte Fotoalben gekauft und sie ausgeschlachtet. Es ist schon seltsam, was für Marotten manche Männer entwickeln.«

Zwei Tage später kam die Nichte noch einmal. Viel von Wert fand sie offenbar nicht. Was sie mitnahm, passte in Rieders kleinen Rollkoffer. Eine Kamera, erklärte Frau Zöbelein später, war nicht dabei gewesen. Tags darauf hatte ich freie Bahn und betrat Rieders Reich, um seinen Hausstand aufzulösen.

Die Wohnung war, wie meine, klein und dunkel. Doch hier herrschte peinliche Ordnung. In der Küche stand ein kleiner Esstisch mit zwei Stühlen, auch wenn ich nie jemanden gesehen hatte, der Rieder besucht hätte. Das große Zimmer barg einen kleinen Fernseher, einen großen Ohrensessel und zwei Bücherregale. Eines war voll mit trivialen Kriminalromanen, Agatha Christie, Simeon, Forsyth, Le Carré und als eines der jüngsten Bücher in Paperback ein Kluftinger. Das andere Regal enthielt an die dreihundert Bände über Schach. Schachgeschichte, Schachtheorie, Schachprobleme und die Theorie der Schachkomposition. Ein

Schachtischchen stand am Fenster, doch die Figuren hatten offenbar der Nichte gefallen, denn es war leer. Ansonsten war kaum etwas da. Kein Zierrat, kein Nippes kein Bild, nur ein blaustichiges Puzzle, das befremdlicherweise einen Wellensittich zeigte, aufgeklebt auf einen hellbraunen Karton.

Im kleinen Zimmer endlich fand ich die Alben auf Bett und Boden gestapelt und ich staunte: Es waren 83 Bände, offenbar alle aus einem Bücherschrank, der neben dem Bett stand. 83 Alben gleichen Formats, die alle prall voll mit eingeklebten Urlaubsbildern waren. Urlaubsbilder, bei einem, der nie die Heimat verließ? Und doch gab es drei Alben mit Bildern aus Venedig, zwei mit Aufnahmen aus Mallorca, vier Bände Rom und zwei mit Skandinavienfotos. Es waren fast immer die typischen touristischen Motive. Berühmte Sehenswürdigkeiten, die man als Tourist von Reiseführen empfohlen bekommt und beinahe zwangsläufig ansteuert. Seltsamerweise waren die Bilder verschieden alt – sogar bei einzelnen Motiven.

Gelegentlich verrieten eingeblendete Zeitstempel den Moment des Knipsens. Auf anderen Bildern musste ich das Alter grob schätzen. Ich nutzte die Autos als Anhaltspunkt – und die Mode. Kein Bild schien vor Mitte der Achtziger geschossen worden zu sein. Die jüngsten Fotos zeigten London mit den neusten Hochhäusern und waren nur wenige Wochen alt.

Der Rest des Zimmers war wie die Wohnung: ordentlich, zweckmäßig und sterbenslangweilig.

Ich holte mir Kisten und begann mit der Entrümpelung, ließ aber die Fotoalben zunächst aus. Ich sortierte den anderen Kram und verlud ihn im Hof auf den Anhänger von Frau Zöbelein, getrennt nach Sperrmüll, Altkleider, ausrangierten Büchern und was der Wertstoffhof sonst noch an Kategorien zur Entsorgung anzubieten hat. Zwei Tage war ich so beschäftigt. Die ganze Zeit aber grübelte ich über die geheimnisvollen Alben nach. In den Pausen blätterte ich in ihnen. Einen Fotoapparat hatte auch ich nicht finden können. Doch angesichts der Aufnahmen vermutete ich, ein Fotoapparat allein wäre kaum genug gewesen.

Erst auf den zweiten Blick erkannte ich, dass sehr unterschiedliche Kameras verwendet wurden. Manchmal waren Daten in die Bilder eingespiegelt, manchmal nicht. Wenn es Daten gab, dann aber in verschiedenen Farben oder an anderen Stellen. Auch die sehr unterschiedliche Qualität sprach für mehr als eine Kamera. Die Idee, dass er alte Fotoalben aus Nachlässen für seine Alben geplündert haben könnte, war plausibel. Andererseits: Alle Bilder hatten dasselbe Format und waren von derselben Papierqualität. Es sah so aus, als hätten alle Fotografen dasselbe Labor benutzt. Doch wie sollte das funktionieren?

Je mehr ich beim Räumen über meinen Nachbarn erfuhr, um so mehr kam ich zu der Überzeugung, dass Herr Rieder doch nicht so leidenschaftslos gewesen war, wie wir es gedacht hatten. Hatte auch er an Fernweh gelitten und seine Sehnsucht auf diese sonderbare Art gestillt? Ganz bequem von Zuhause? Reisen im Kopf? Das war etwas, was ich Rieder durchaus zutraute. Der Mann las nur Krimis und – Schachbücher. Wer sich so – in Stille und Einsamkeit – an Schachproblemen ergötzt, kann sich sicher auch zu seinen Wunschzielen träumen, ohne in den Zug zu steigen. Wieso sollte er sich dann nicht für seine Kopfreisen auch Souvenirs verschaffen? Nur eines fand ich seltsam: Eines fehlte seinen »Andenken«, diesen Bildern. Etwas sehr wichtiges, wie ich fand: die emotionale Bindung. Alte Fotos kaufen, ist das reizvoll? Wo ist da der Kick? Je mehr ich über Herrn Rieder lernte, um so rätselhafter wurde er.

Erst am Ende der Entrümpelung, als ich in der Küche angelangt war, lüftete ich das Geheimnis des verschrobenen Alten. Im Küchenschrank fand ich in einem Notizbuch, hinter ein paar Seiten voller Rezepte, eine Art Tagebuch. Das Tagebuch nahm ich an mich. Schließlich schnappte ich mir als Andenken an den Nachbarn noch ein paar Krimis. Dann beendete ich meine Arbeit, fegte die leere Wohnung und ging zu Frau Zöbelein, um meinen Lohn zu kassieren.

In dieser Nacht las ich Rieders Tagebuch und entdeckte eine weitere völlig neue Seite an ihm. Eine Seite, von der auch er selbst lange Zeit nichts geahnt hatte – nicht vor jenem schicksalhaften Tag.

An einem Freitag vor knapp zwanzig Jahren hatte es mit einem Zufall begonnen, mit einem Versehen. Beim Entsorgen seiner alten Tageszeitungen und Werbebeilagen mit seinem schwarzen

Rollköfferchen muss es wohl passiert sein: eine dumme Verwechslung in der Straßenbahn, vermutlich an einer Haltestelle rund um den Hauptbahnhof. Irgendjemand hatte die Koffer vertauscht. Er hatte Rieders Altpapierbehältnis mitgenommen und einen ebenso schwarzen Rollkoffer zurückgelassen. Diesen anderen Koffer nahm Rieder mit, in der Hoffnung, ihn dem Eigentümer zukommen zu lassen. Der Koffer enthielt aber keine Adresse, nur schmutzige Wäsche, ein paar Reiseandenken und eine Kamera. Treu und ehrlich brachte Rieder den Koffer aufs Fundamt.

Niemand meldete sich. Als Rieder als neuer Besitzer nach einem halben Jahr den Koffer in Empfang nehmen konnte, war er froh. Zu lange hatte er sein Altpapier mit seinem Altglaskorb entsorgen müssen. Nun hatte er wieder einen Rollkoffer. Und eine Kamera, die er zu verkaufen gedachte. Einen passenden Händler fand er rasch. Der Wert des Fotoapparates entsprach drei einfachen Abendessen für eine Person in der »Grünen Eiche«. Das war mehr, als Rieder erhofft hatte. So erhielt er das Geld – und den Film aus der Kamera.

Dass in der Kamera ein Film sein könnte, daran hatte Rieder gar nicht gedacht. Drei Tage und vor allem drei Nächte lang – so las ich – grübelte Rieder über dem Film, dann brachte er ihn zum Entwickeln. Und er staunte, wie spannend er das Warten auf die Bilder empfand. Am Ende hielt er die Fotos in Händen. Es waren Aufnahmen aus Venedig. Er war elektrisiert. Diese Bilder zeigten ihm die Schönheiten der Lagunenstadt. Er erforschte sie und ihren Zauber auf den Fotos, aber ohne dass er die Unannehmlichkeiten des Reisens auf sich nehmen musste. Er war fasziniert von den neuen Eindrücken und ebenso davon, wie bequem er sie bekommen hatte: ohne Unterbrechung des gewohnten Lebensrhythmus und seiner Gewohnheiten.

Sonderbarerweise war ihm wichtig, dass die Eindrücke neu waren. Nicht nur neu für ihn, sondern tatsächlich neu. Es war sehr wichtig für ihn, dass er der Erste war, der die Bilder sah. Er hatte sie zwar nicht aufgenommen, doch er hatte gewissermaßen Geburtshilfe geleistet: Die instabilen Eindrücke auf dem Zelluloidstreifen hatte er selbst zum Labor gebracht, sie entwickeln lassen und bezahlt. So waren es seine Bilder geworden. Seltsamerweise konnte ich das sogar ein Stück weit verstehen. Diese Form des Erwerbs war etwas ganz anderes als das Fleddern alter Alben fremder Leute.

All dies hatte Rieder als Bericht geschrieben, etwa acht Monate nach der zufälligen Verwechslung. Doch der Bericht war nur die Einleitung zum eigentlichen Tagebuch, zum Rechenschaftsbericht seiner neuen Karriere. Denn eine neue Karriere begann Rieder nun tatsächlich: Er wurde Gepäckräuber. Vor mehr als achtzehn Jahren fuhr er eines Freitags erneut mit seinem Altpapierkoffer los, doch dieses Mal fuhr er gezielt zum Bahnhof und begab sich in die große Schalterhalle. Er hatte die feste Absicht, sein Gepäck diesmal ganz gezielt zu verwechseln. Verwundert stellte er fest, dass es denkbar einfach war. Die meisten Rollkoffer ähnelten sich so stark, dass man sie ohne Probleme austauschen konnte, solange der Besitzer nur abgelenkt war. So einfach dieses »Verwechseln« der Koffer war, so spannend war es. Der Reiz des Verbotenen, des unerhört frechen, absichtsvollen Diebstahls – Rieder fand es unbeschreiblich. Er suchte in seinen Zeilen nach passenden Worten: Spannend, prickelnd, erregend – nichts wurde dem Gefühl gerecht. Dass es etwas gab, was diese Sensation übertreffen konnte, hielt Rieder für kaum vorstellbar. Er war nur enttäuscht, dass diesmal der Koffer keinen Fotoapparat enthielt. Doch der Koffer der nächsten Woche enthielt einen – leider mit öden Bildern eines Familienfestes. Rieder machte sehr methodisch weiter. Er gab die Hoffnung nicht auf und der Koffer des nächsten Freitags enthielt tatsächlich wieder eine Kamera und einen Film – diesmal aus Paris!

So wurde Rieder ein regelrechter Rollkoffermarder. Ein Seriendieb, der pünktlich jeden Freitagnachmittag zuschlug. Es war unglaublich, grotesk – aber es entsprach vollkommen Rieders methodischem Charakter. Jede Woche beim Altpapierentsorgen »verwechselte« er nun seinen Koffer – was ihm allein schon den Kick gab – und immer hoffte er auf neue Bilder. Er war nur an Urlaubszielen interessiert. Und nur an Bildern, die die unverstellten Sehenswürdigkeiten zeigten. Oft beklagte er sich, wenn die Knipser ihre unansehnliche Ehefrau oder ihre Kinder mit aufs Bild bannten. So machten sie ihre schönen Bilder für ihn wertlos. Tatsächlich hatte ich beim Blättern in den Alben solche »Mutti-vor-dem-Trevibrunnen-Bilder« nie entdeckt. Da er genau Buch führte, stellte er fest, dass er etwa bei 55% der Rollkoffer Filme oder Kameras erbeutete. Von diesen Bildern waren 25% unbrauchbar, weil sie Familienfeste zeigten. Weitere 42% zeigten Sehenswürdigkeiten mit »familiärem Beiwerk«. Doch immerhin 33% der Bilder waren grundsätzlich brauchbar.

Die Kameras hatte Rieder stets verkauft. Die Erlöse hielt er schriftlich fest. Er hatte sich so zu meiner Überraschung ein nettes Zubrot verdient. Nach einer Weile wurden die Eintragungen immer knapper und formaler und ab dem dritten Jahr notierte Rieder seine Beute in einer schlichten Tabelle aus Datum, den Motiven der Fotos und dem Verkaufserlös der Kamera. Recht oft gab es nur einen Strich – wenn die Koffer keine Kamera enthielten. Nur dreimal in all den Jahren stand nach dem Datum: »Erwischt!« Ich stellte mir vor, wie der ertappte Rieder sich vielmals entschuldigte und sich auf eine durchaus nachvollziehbare Verwechslung, eine dumme, kleine Unachtsamkeit hinausredete.

Was mit den Klamotten geschah, dem Waschzeug und den anderen Sachen aus dem Koffer, war dem Tagebuch nicht zu entnehmen. Ich gehe davon aus, dass er die Sachen mit der ihm so eigenen Methodik dezent in Altkleidercontainer und Mülltonnen entsorgt haben wird.

Irgendwann hat er dann seine Alben angelegt, thematisch geordnet, für seine Trophäen und um in Gedanken auf Reisen zu gehen. So lebte er sein Fernweh aus. Ganz bequem, im Lehnstuhl. Ein Reisender, der stets zuhause geblieben war.

War er gestört? War er zu bewundern? Ich weiß es nicht. Doch ich ertappe mich bei der Idee, mir vom Lohn des Entrümpelns selbst auch einen kleinen Rollkoffer zu kaufen.

Das Risiko Heimat

von Dominik Neumayr

I.

Zuhause. Hier bin ich Zuhause. Also eigentlich nicht genau hier, sondern gegenüber. Ich komme nämlich vom Huber-Hof, auch wenn seit drei Generationen keiner in meiner Familie mehr Huber heißt. Aber die früheren Bauern hießen alle Huber und daher heißen die heutigen Bewohner dieses Anwesens immer noch so, egal ob sie, wie meine Großeltern Meisinger oder wie meine Eltern und ich Forchner heißen. Gegenüber von meinem eigentlichen Zuhause ist der Gruber-Hof, dessen Bewohner schon immer und bis zuletzt mit Familiennamen Gruber hießen und heißen. Allerdings hat der letzte lebende Gruber, der Matthias, genannt Hias, der ein Jahr älter ist, als ich es bin, kein Interesse an seinem Erbe. Daher habe ich – zugegeben vielleicht in einer Art Kurzschlussreaktion – den Gruber-Hof in einer Zwangsversteigerung für 150 000 Euro gekauft. Sorgte es schon für eine große Aufregung, dass in Weidenzell, einem geradezu typischen idyllischen bayerischen Ort, in dem die Welt noch in Ordnung zu sein scheint, ein Haus zwangsversteigert wird und dann noch dazu der Gruber-Hof, der älteste Bauernhof im Dorf, wurde die Aufregung schier unermesslich groß, als bekannt wurde, dass ausgerechnet einer vom Huber-Hof das Grubersche Anwesen ersteigert hat. Denn außer der relativ großen Ähnlichkeit des

Hofnamens hatten die Bewohner nie allzu viele Gemeinsamkeiten. Schon allein die Tatsache, dass beide genau gegenüber liegen, zeigt die vollkommen konträre Ausrichtung der Höfe und seiner Mitglieder. Während meine Eltern seit Jahren nur noch auf ökologische Landwirtschaft setzen, da sie den Trend der Zeit rechtzeitig erkannt haben, war der Alt-Gruber, der vor ein paar Monaten gestorben ist, bis zum Ende ein glühender Verfechter der Chemie-Keule und des Viehmastbetriebs. Während meine Eltern schon in meiner Kindheit damit begannen auch Touristen – vor allem gestresste Großstädter – als Feriengäste aufzunehmen, um sich auf diese Weise zusätzliches Geld zu verdienen, konnte man den Gruber-Hof bis zuletzt nur unter Gefährdung des eigenen Lebens betreten. Der alte Gruber hatte zwar keinen Jagdschein, aber trotzdem einige Gewehre daheim. Auch fand sich im Haus seine Waffe vom Schützenverein, in dem er zwar schon gut und gerne zwanzig Jahre nicht mehr geschossen hatte, aber noch immer zahlendes Mitglied war und deshalb auch sein Gewehr noch zuhause hatte. Daher konnte es auch mal passieren, dass der Gruber, wenn man ungefragt und unerlaubt seinen Hof betrat, auf einen schoss. Natürlich hat er stets bestritten, dass er auf die Menschen zielt, sondern er würde ja nur Warnschüsse in die Luft abgeben, da er aber aufgrund des Alters und seiner Gebrechen dermaßen stark zitterte, war jeder Warnschuss eine ernste Bedrohung für Leib und Leben. Nach dem Tod vom alten Gruber wurde dann das finanzielle Desaster der letzten Jahre deutlich, so dass sein Sohn, der Matthias, das Erbe abgelehnt hat. Er hätte zwar die Schulden vom Alten ruhig übernehmen können, da er ein recht erfolgreicher Börsenmakler in Frankfurt am Main ist, aber ganz Geschäftsmann hat er erkannt, dass er außer Schulden und laufenden Kosten bei diesem Erbe nichts bekommen würde, schon gar keinen Gewinn, der für ihn über allem steht. Aber geschickt wie die Grubers immer schon waren, gehörten die Felder, die der Alte bis zuletzt bewirtschaftet hatte, alle schon seit Jahren seinem Sohn, von dem er sie wiederum offiziell gepachtet hatte – wobei dem Matthias auch gut zuzutrauen ist, dass er von dem Alten auch noch wirklich Geld dafür verlangt hat. Auf diese Weise kann der junge Gruber sich nun noch mehr bereichern, indem er die als Baugrund verkauft. Und vor allem sind so die ganzen Schulden, die der Gruber-Bauer in den letzten Jahren angehäuft hat, alle nur auf den Hof übertragen worden und natürlich nur auf ihn. Wie so oft, hat einer den Schaden und der andere den Nutzen. Der Matthias als abgekochter Geschäftsmann hatte natürlich den größten Nutzen von allen. Ein altes Sprichwort sagt, die dümmsten Bauern haben die dicksten Kartoffeln. Ob das stimmt, kann ich nicht beurteilen. Was ich aber sicher sagen kann, ist dass die gerissensten Bauern den dicksten Geldbeutel haben. Vor allem haben aber diejenigen Bauern die größten schwarzen Zahlen auf dem Konto, die am meisten über die miserablen Ernten und dergleichen jammern. Und gejammert hat der alte Gruber immer gerne. Wo all das Geld hingeflossen ist, das er eingenommen hat, das wissen nur er – aber dieses Wissen hat er mit ins Grab genommen – und sein Sohn, der aber in diesem Punkt mindestens genauso verschwiegen ist. So kam es, dass mit dem Tod vom alten Gruber der Hof aufgrund seiner Schulden an die Bank fiel.

Ich habe dann durch Zufall von der Zwangsversteigerung erfahren, da es meine Mutter ganz beiläufig am Telefon erwähnt hatte. Und ehe ich mich verschaute, saß ich am nächsten Tag in dem Auktionssaal und war am Ende der zweistündigen Veranstaltung ein mehr oder weniger stolzer Haus- und Hof-Besitzer.

II.

»Hast du denn jetzt vollkommen einen Dachschaden? Willst du etwa ein Bauer werden?«, schreit Simone mich an. Bereits seit einer halben Stunde höre ich mir ihr Geschrei nun schon an. Ich selber darf zwischendurch immer ganz kurze Antworten geben, jedoch nie komplett, weil ich immer sogleich wieder unterbrochen werde. Zugegeben, es mag sein, dass ich einen Dachschaden habe. Auf jeden Fall hat das Dach vom Gruber-Hof einen solchen – zum Glück weiß Simone davon noch nichts, denn das würde ihr Geschrei wohl nochmal um ein Vielfaches verstärken und es ist so schon laut genug, damit bestimmt auch die Nachbarn an unserem Eheleben teilhaben können.

»Das ist ein ganz krasser Vertrauensbruch, Martin.« Spätestens jetzt schrillen bei mir alle Alarmglocken, denn ›Martin‹ nennt mich meine Frau nur dann, wenn sie wirklich richtig sauer ist. Und dann kommt meistens das gute alte Programm: mit mir längere Zeit nicht mehr reden, ich muss mich tausendmal entschuldigen, Blumen kaufen, zum Essen einladen, sie gleichzeitigt aber auch in Ruhe lassen und so weiter und so fort. So weit, so normal – das dürfte so ziemlich jeder Ehemann auf dieser Welt in dieser oder einer ähnlichen Art und Weise kennen. Doch irgendwie befürchte ich, wird es diesmal nicht mit Blumen kaufen und Essen gehen gut sein.

»Ich frage mich wirklich, was bei dir verkehrt ist. Du bist doch nicht ganz dicht da oben«, schreit Simone weiter und deutet mit ihrem Finger auf meinen Kopf. Nicht ganz dicht ist auch das Dach vom Schuppen auf dem Gruber-Hof, aber auch das verrate ich ihr jetzt besser noch nicht. Würde nur noch unnötig mehr Öl in den unkontrollierbaren Waldbrand gießen.

»Ich glaube, es ist besser, du schläfst heute Nacht auf der Couch«, schickt mich meine Frau wie einen ungezogenen Jungen ins Bett. Diese ultimative Höchststrafe gab es in unserer Ehe bislang noch nie, ganz egal welche sonst so großen Verbrechen ich ihrer Meinung nach begangen habe. Auch bei tagelangem Schweigen durfte ich trotzdem weiterhin in unserem gemeinsamen Bett schlafen. Sie funkelt mich beim Hinausgehen nochmal böse an und verlässt hastig die Küche.

Ich höre oben unsere Schlafzimmertür krachen und danach ist Stille. Diese drückende, unangenehme Stille, die mir noch mehr zu schaffen macht, als Simones Geschrei zuvor. Jetzt vielleicht am besten erstmal ein paar Nächte drüber schlafen, bis sich die Wogen hoffentlich für das erste geglättet haben und dann auf das Beste hoffen. Vielleicht habe ich wirklich einen Fehler gemacht, bin aber nach wie vor von der Richtigkeit des Hauskaufs überzeugt.

III.

So jetzt nochmal den Hügel rauf, dann geht's wieder leicht bergab und dann bin ich zu Hause, schießt es mir durch den Kopf, als wir vier Tage später schweigend zu unserem neuen Zuhause fahren. Oder besser gesagt zum Gruber-Hof, der hoffentlich bald unser neues gemeinsames Zuhause wird. Denn so richtig darüber sprechen konnte ich mit Simone bislang noch nicht. Wir sind auf der Autobahn zwar noch gute zwanzig Kilometer von der Ausfahrt entfernt, von der es dann nochmal knapp drei Kilometer bis zum Gruber-Hof sind, aber trotzdem fühle ich mich jetzt schon zu Hause. Da kommt auch schon das braune Schild, welches auf das ›Hopfenland Hallertau‹ hinweist. Wenn wir früher im Urlaub waren und ich gefühlt alle fünf Minuten gefragt habe, wann wir endlich wieder daheim sind, weil ich Autofahren, vor allem auf Autobahnen, schon immer langweilig fand und zudem meistens auch dringend aufs Klo musste, bekam ich so gut wie immer nur die Antwort ›Bald‹. Mit dieser Zeitangabe konnte ich als Kind verständlicherweise nicht allzu viel anfangen. Wenn ich dann aber die ersten Hopfengärten gesehen habe, wusste ich, dass wir nun wirklich bald zu Hause waren. So ist es bis heute geblieben. Ganz egal wo ich nach der Zeit in meinem Elternhaus lebte – während des Studiums in Regensburg, in den ersten Berufsjahren in München oder seit mittlerweile fast zehn Jahren in Nürnberg – jedes Mal wenn ich die ersten Hopfengärten oder den Hinweis ›Hopfenland Hallertau‹ sah, wusste ich, ich bin zu Hause, ganz egal wo ich gerade wirklich wohnte. Die Hopfengärten haben meine Kindheit geprägt und tun dies auch noch heute. Hoffentlich wird es meiner Familie auch bald so gehen.

IV

»Und für diese Bruchbude hast du 150 000 Euro ausgegeben?«, fragt mich Simone, nachdem wir zehn Minuten lang den Gruber-Hof erkundet haben. Es war das Erste, was sie überhaupt gesagt hat, seitdem wir angekommen waren. Zuvor hat sie nur skeptisch geschaut oder genickt, wenn ich ihr etwas gesagt habe.

»Es ist ein riesengroßes Grundstück und vor allem hat das Haus Charme.«

»Wenn du eine Ruine als charmant empfindest, dann ja.«

»Es ist keine Ruine. Ja klar, man muss ein bisschen was dran machen. Vielleicht auch ein bisschen mehr, aber auch das ist alles möglich.«

Simone schaut mich böse an – sie mag den Hof nicht, das weiß ich. Ich muss sie davon noch überzeugen. Immerhin scheint es den Kindern zu gefallen, sie erkunden draußen bereits den Hof und den großen, derzeit etwas verwilderten Garten. Für Sascha und Marie ist es gerade der Reiz des Verbotenen, denn wenn wir in den letzten Jahren bei meinen Eltern zu Besuch waren, durften die beiden im Dorf überall hin – nur nicht auf den Gruber-Hof, das war strengstens verboten. Und jetzt endlich dürfen sie auch hierher. Für zwei typische Großstadtkinder im Alter von acht beziehungsweise fünf Jahren wie Sascha und Marie gibt es hier auf dem Land sowieso eine Menge zu entdecken, auch wenn dieser Reiz des Neuen irgendwann verloren gehen wird. Wenn sie in die Pubertät kommen, werden sie das Land wahrscheinlich genauso sehr hassen, wie ich in dem Alter. Hier kann man nichts erleben und man kann nirgends hingehen, außer zum Kreuzer-Wirt, wo aber nur die alte Dorfbevölkerung sitzt und über die Hopfenernte und -preise diskutiert – für Heranwachsende nicht unbedingt das interessanteste Thema, außer man ist Jung-Bauer und möchte keine anderen jungen Leute kennenlernen. Aber immerhin ist die nächstgrößere Stadt nur gut zehn Kilometer entfernt – das sollte in der heutigen Zeit auch für Teenager eine erreichbare Entfernung sein.

»Da werden wir noch viel Geld reinstecken müssen«, sagt Simone mit einem leicht vorwurfsvollen Unterton. Ich schaue sie von der Seite scharf an, woraufhin sie »Ich mein ja nur« entgegnet und sich weiter im Haus umschaut. Das Thema Geld war in den letzten Tagen ein großes Streitthema. Simone hat mir vorgeworfen, dass ich unser Geld verprassen würde. Jetzt ist es bei uns allerdings so, dass wir einen Ehevertrag haben, der auch während unserer Ehe eine Gütertrennung vereinbart. Ihr Vater wollte das vor unserer Hochzeit damals so. Er befürchtete, dass ich seiner Tochter nur auf der Tasche liegen würde. Simone ist Lehrerin, ich bin frei schaffender Autor und Künstler. Simones Einkommen ist ganz ordentlich und regelmäßig, meines schwankt zwischen miserabel und übertrieben hoch und vor allem äußerst unregelmäßig. Am Jahresende haben wir beide meist annährend gleich viel verdient. Nur habe ich vor fünf Jahren, wie auch meine beiden Geschwister, von meinen Eltern eine Viertelmillion bekommen. Sie haben damals ein paar große Felder verkauft, welche nun unter anderem einen McDonald's eine Tankstelle und einen Supermarkt beherbergen. Das Geld, das durch den Verkauf erzielt wurde, haben unsere Eltern für uns als Bausparvertrag angelegt, mit dem wir unseren Familien ein Zuhause bauen sollten. Oder kaufen, wie in meinem Fall. Aufgrund der von Simones Vater gewünschten Gütertrennung ist das mein Geld, mit dem ich machen kann, was ich möchte – finde ich zumindest. Den Gruber-Hof habe ich damit schon gekauft und ich werde das Anwesen damit auch weitgehend renovieren können. Dann habe ich einen schönen Hof, der noch dazu abbezahlt ist. Nur ob meine Familie hier auch glücklich wird? Wird meine Heimat auch ihre Heimat? Das bleibt natürlich zu hoffen, aber ich denke, manchmal muss man einfach gewisse Risiken eingehen.

Ansichten

von Michael Kleinherne

Der Aufstieg. Durch enge Gassen. Kalkplattendächer überall. Weiß bepudert. Jetzt noch den Hang hinauf. Der Heiland als Gipfelkreuz. Auf halber Strecke.

»Und früher sind hier Fische geschwommen«, sagte sie.

»Ganz früher«, brummte er und sah auf den Weg vor sich. Darauf bedacht, nicht auszurutschen auf dem leicht gefrorenen Schnee.

Wieso mache ich das hier, fragte er sich, ich hätte sie nicht besuchen sollen.

»Glaubst du an Gott?«, fragte sie da und sah sich nach ihm um.

Jeder spricht hier von Gott, dachte er, selbst sie. Das hätte sie damals, an der Uni, nicht getan.

»Weiß ich nicht«, sagte er schließlich.

Sie blieb stehen, drehte sich ganz zu ihm.

»Wie, du weißt nicht, ob du an Gott glaubst?«

Erstaunt sah sie ihn an.

»Das weiß man doch.«

»Man vielleicht«, blaffte er zurück. »Und jetzt geh weiter.«

Er schob sie vorwärts. Es war nicht mehr weit. Schon von hier konnte man tief ins lang gestreckte Tal blicken.

Sie blieb wieder stehen.

»Ist es nicht großartig«, sagte sie.

»Ja doch«, murmelte er, »aber lass uns weitergehen.«

Dann sah er hinab.

Gebäude, Plätze, Straßen. Die Dächer. Der Fluss. Und immer wieder Kirchtürme.

Bavarian Jura at its best, dachte er.

Er blickte zu ihr. Sie stapfte vor ihm durch den fester werdenden Schnee.

Noch so ein Juragewächs, dachte er.

Dann sah er das Kreuz. Darunter die Bank.

Sie wischte den Schnee beiseite und setzte sich. Er blieb erst einmal stehen.

»Und«, fragte sie, »was ist jetzt mit Gott?«

Er zog sich die Mütze tiefer ins Gesicht. Hier oben war es frisch, auch wenn er vom Aufstieg ins Schwitzen geraten war.

»Glaubst du denn?«, fragte er zurück.

Sie sah ihn nicht an, sondern blickte seelig ins Tal hinab.

»Ich bin hier aufgewachsen«, sagte sie, »da gehört das dazu. Wir haben hier einen Bischof und eine katholische Uni. Da vorne siehst du den Dom, da hinten die Burg. Na ja, die hat sich der Fürstbischof bauen lassen, um seine Schäfchen immer unter Kontrolle zu haben.«

»Und das da?«

Er zeigte grinsend auf ein gelbrot leuchtendes Schild außerhalb der Altstadt.

»Klar«, sagte sie, »Fastfood haben wir auch. Sogar wir sind im 21. Jahrhundert angekommen.«

Er setzte sich neben sie. Sah zum Heiland hinauf. Als Kind hatte ihm dieser immer leidgetan. So nackt, wie er an den Kreuzen gehangen hatte.

»Hängt er schon lange da?«, fragte er.

Sie verstand nicht sofort.

»Ach so«, sagte sie dann, »das Kreuz. Ich glaube schon, so lange ich mich zurück erinnern kann, steht es dort.«

»Er kann von hier alles überblicken«, sagte er. »Doch dafür muss er frieren.«

»Und im Sommer gibt es keinen Schatten«, sagte sie.

Sie griff nach seiner Hand. Er entzog sie ihr.

»Lass uns ihm helfen.«

Er stand auf. Sie blickte ihn an.

»Es ist grausam, ihn hier so hängen zu lassen. Im tiefsten Winter.«

Und er zog seine Jacke aus.

Sie schüttelte den Kopf.

»Was machst du denn?«

Als Kind hatte er das nie gewagt. Er stieg auf die Bank und warf die Jacke hinauf. Erst beim dritten Versuch gelang es. Nur noch die Füße der Christusfigur waren zu sehen.

»Du spinnst ja«, sagte sie und stand auf. »Soll das jetzt da hängen bleiben? Und du? Wenn du wieder normal bist, melde dich.«

Sie lief den Hang hinab. Er blickte ihr nach und setzte sich dann wieder hin.

Jetzt fühlte er sich besser. Er würde noch eine Weile bleiben.

Zwei Menschen

von Patrick Heggenberger

Tiefes Einatmen. Ihren Geruch aufnehmen. Schnuppern. Ich genieße den süßlichen Duft ihres Parfums, der auf ihrem Kissen haftet. Ich kenne die Marke nicht, doch den Duft würde ich sofort in einer Parfumerie erkennen. Ich liege da und starre an die kahle, weiße Decke. Sie ist nicht da. Immer wenn ich hier aufwache, ist sie nicht mehr da. Sie ist eine geschäftige junge Frau. Jeden Morgen um 7:30 Uhr verlässt sie die Wohnung und geht zur Arbeit. Jeden Abend um 17 Uhr kehrt sie zurück. Ihr alltäglicher Trott in dem sie gefangen ist und über den sie unzählige Male lästert. Ich höre ihr zu, nicke und hoffe dabei, dass sie glücklicher wird mit ihrer Arbeit, mit ihrem Leben.

Ich drehe mich um, erhebe mich und kratze mich am Kopf. Verschlafen verlasse ich das Bett und gehe Richtung Badezimmer. Der rote Teppich küsst sanft meine Fußsohlen. Es fühlt sich an wie hunderte kleine Küsse zwischen meinen Zehen. Ein unwiderstehliches Gefühl. Mir ist noch schummrig vom Schlaf. Ich kam spät nach Hause. Wie so oft vergaß ich meinen Schlüssel (ich Dummkopf) und musste über den Balkon in die Wohnung klettern. Zum Glück wohnen wir nur im 2. Stock und nicht höher, sonst würden solche nächtlichen Kletteraktionen gefährlich werden. Ich könnte auch klingeln, aber ich will nicht, dass sie aufwacht. Meistens ist sie auch schon auf dem

Weg zur Arbeit, wenn ich von meiner Nachtschicht heimkomme.

Ich stehe im Badezimmer. Es riecht nach Duftkerzen. Erdbeere oder so ähnlich. Vermutlich hat sie sich gestern Abend noch ein Bad gegönnt und sich von den ätherischen Gerüchen verwöhnen lassen. Ich bevorzuge aber den Duft ihres Parfums. Ich liebe es, dass ich den Geruch in der Nase habe, wenn ich einschlafe und ihn rieche, wenn ich aufwache.

Ich nehme mir unsere Zahnbürste und putze mir die Zähne. Wir sind so ineinander vernarrt, dass wir uns eine Bürste teilen. Süß, oder? Nachdem ich mich erleichtert habe, gehe ich in die Küche. Auf dem Tisch steht noch eine dreckige Schüssel mit Müsliresten am Rand und verklebter Milch im Inneren. Ihr Frühstück. Ich nehme den Löffel, der in der Schüssel liegt und lecke ihn ab. Ich kann den Geschmack ihrer Lippen erahnen. Süßlich. Zauberhaft. Wundervoll. Ich schließe verliebt die Augen und höre dem lauten Pochen meines Herzens zu. Ich lege alles wieder so hin, wie es war. Ich liebe sie, aber ich räume nicht ihren Dreck auf. Ich habe meine Gründe dafür. Ich gehe zurück ins Schlafzimmer und ziehe meine Jeans an. Letzte Nacht war ich so müde, dass ich nur die Hose ausgezogen habe. Meinen Pullover ließ ich an. Außerdem bevorzuge ich es, dass ich mich nach dem Aufwachen schnell anziehen kann.
Ein letztes Mal atme ich tief ein. Rieche ihr Parfum. Rieche ihren Körper. Schwelge in Erinnerungen und Wünschen. Träume von ihr. Dann verlas-

se ich die Wohnung. Es ist bereits 14 Uhr und ich muss noch verschiedenste Dinge erledigen. Im Treppenhaus läuft mir wieder diese alte Schachtel über den Weg. Hoffentlich hat sie nicht gesehen, wie ich aus der Wohnung ging. Die Schabracke kommt vielleicht auf den dummen Gedanken, sie müsste meine Liebesgeschichte ausplaudern. Meine Liebste und ich wollen diese Liason aber noch so lange wie möglich geheim halten. Schließlich hatte sie vor kurzem noch eine ziemlich schlimme Beziehung und sie hat den Typen abgeschossen. Also will sie nicht gleich wieder mit einem anderen Mann gesehen werden. Die Nachbarn sollen sie nicht für ein Flittchen halten.

»Guten Morgen«, sage ich höflich zu der alten Frau.

»Kommen Sie gerade aus Frau Flingers Wohnung?«, fragt mich die alte Mumie ganz neugierig

»Nein. Wieso fragen Sie?«

»So halt. Ich habe gehört, dass da vor kurzem jemand eingebrochen ist.«

»Haben Sie das? Nun, wenn ich ein Einbrecher wäre, dann würde ich bestimmt nicht durch die Vordertür rausgehen, oder?«

»Es gibt auch dumme Einbrecher«, entgegnet die Alte spitzfindig.

Wie gerne hätte ich ihr die Dritten aus der Fresse geschlagen. Aber ich bin ein guter Mensch und diese Mumie schon so alt, dass der natürliche Lauf des Lebens hoffentlich bald bei ihr zuschlagen wird.

»Durchaus. Aber ich bin keiner. Wenn Sie mich entschuldigen. Ich muss los.«

Ohne weiteren Blickkontakt dränge ich mich an der Alten vorbei und husche die Treppen hinunter. Ich verlasse das Gebäude und atme die frische Stadtluft ein. Gleich darauf muss ich husten, denn unter frischer Stadtluft versteht man Abgase und Gestank. Ein Kreuz, welches man tragen muss, wenn man in der Innenstadt lebt.

Ich gehe Richtung Westen zu einer Straßenkreuzung. Ich biege schnell um die Ecke und halte Ausschau nach meinem Auto. Ich parke immer etwas weiter entfernt von unserer gemeinsamen Wohnung. Mir gefällt der tägliche Spaziergang vom Auto zur Wohnung und zurück. Gute zwanzig Meter hinter der Ampel steht mein Wagen auf dem Parkplatz eines Getränkemarktes. Normalerweise dürfen nur Kunden dort parken und ein Schild droht damit, dass Nicht-Kunden auf eigene Kosten abgeschleppt werden. Ich parke dort schon seit Wochen und ich wurde noch nie abgeschleppt. Alles nur leere Drohungen um ängstliche und vorsichtige Gemüter vom Parken abzuhalten. Wie armselig.

Wenige Augenblicke später sitze ich in meinem Auto und starte den Motor. Der Wagen ist schon alt. Ein unscheinbarer Kombi, der nicht weiter auffällt. Eine von so vielen fahrenden Leichen, die es unzählig auf deutschen Straßen gibt. Autos, die sich gerade so von TÜV zu TÜV quälen und längst durch ein jüngeres Modell ersetzt werden sollten.

»Wie Frauen«, sagte mal ein Freund von mir. »Autos sind wie Frauen. Am Anfang liebst du noch den Neuwagengeruch und willst ständig damit fahren. Und wir beide wissen, was das bei der Frauen-Metapher heißt«, sagte er damals und grinste mich an, während er mir mit den Ellbogen in die Rippen stieß. »Doch die Karre wird älter und macht dann erste Zicken. Du lernst es besser kennen und siehst all die Fehler, die du bei der Probefahrt nicht gesehen hast. Es bekommt Dellen und Schrammen und ehe du dich versiehst, steht es in der Garage und du willst nicht mehr damit fahren. Und dann holst du dir was Junges und Frisches. Und bei Frauen ist es genau so.«

Der Typ dachte wirklich, er spricht die Wahrheit. Dies war wahrscheinlich auch der Grund, weshalb seine Beziehungen nie lange hielten. Seine letzte Beziehung kostete ihn letztlich sogar das Leben. Er hat mit der Freundin seines besten Freundes gevögelt, wurde von ihm erwischt und mit dutzenden Messerstichen filetiert. Und die Freundin. Nun ja. Um bei seiner Metapher zu bleiben: Das Modell suchte sich einen neuen Fahrer aus und wurde daraufhin im heimischen Schrottplatz ausgeschlachtet. Dabei verlor es so viel Öl und Benzin, dass daraus ein Totalschaden resultierte.

Eine tragische Geschichte. Der Mörder der beiden hat sich mittlerweile im Knast erhängt, weil er die Schuldgefühle nicht mehr ertrug. Ich kannte ihn. Er war eigentlich ein netter Kerl und ich hätte nie gedacht, dass er jemanden umbringen könnte.

Wie man sich in den Menschen doch täuschen kann. Etwas, das vielen in der heutigen Zeit passiert. Man meint jemanden gut zu kennen und wird dann doch wieder überrascht und enttäuscht. Oftmals sieht man die Fehler des anderen schon lange, doch es wird sich vehement geweigert, daraus Konsequenzen zu ziehen. Man nimmt es hin, weil man die andere Person liebt und hofft, dass sich alles ändern wird. Doch es liegt in der Natur des Menschen, dass sie ihren Charakter nicht mehr ändern. Es gibt Ausnahmen, aber die sind rar gesät.

Ich verlasse den Parkplatz und fädele in den Verkehr ein. Es ist ungewöhnlich wenig los für diese Uhrzeit. Ohne groß darüber nachzudenken fahre ich vor mich hin und bin ganz froh darüber, dass der Verkehr nicht so dicht ist wie an anderen Tagen. Nach einigen Minuten Fahrt merke ich, wie mein Magen laut knurrt. Ein Frühstück habe ich mir in unserer Wohnung nicht gegönnt. Das tue ich nie. Vor ein paar Wochen habe ich mir ein Brötchen gemacht und aus Versehen den Teller stehen lassen. Mensch, da ging die Party aber ab. Ich vergaß ihr zu sagen, dass ich das war. Und was tut sie? Holt die Bullen und sagt, dass ein Einbrecher in ihrer Wohnung war. Dieses Dummerle. Kommt nicht mal auf die Idee, dass das ihr eigener Freund gewesen sein könnte. Ich hab sie in dem Glauben gelassen, dass es vielleicht ein Einbrecher war. Ich wollte nicht, dass sie sich dumm vorkommt.

Ich weiß, dass ein paar Straßen weiter ein McDonald‹s ist. Direkt daneben befindet sich auch ein Burger King und nur 100 Meter weiter ein KFC. Ein Wunder, dass die sich nicht gegenseitig die Kunden wegnehmen. Vor allem wenn man bedenkt, dass neben dem KFC auch noch ein Subway ist. Eine Straße und unendlich viele Möglichkeiten seine Lebenserwartung um mehrere Jahre zu senken. Ich biege auf den Parkplatz vom großen M. Nachdem ich aus dem Auto ausgestiegen bin, gehe ich ruhigen Schrittes auf den Eingang zu, als mich der Schock durchfährt. Ich sehe sie. Meine Freundin. Sie sitzt an einem Tisch am Fenster. Normalerweise wäre das ein Anblick, der mich mit tief empfundener Liebe erfüllen würde. Doch sie ist nicht allein. Irgendein dreckiger Bastard legt ihr genüsslich eine Fritte zwischen die Lippen. Hände weg von meiner Freundin! Wutentbrannt stürme ich auf den Eingang zu. Ich bin so perplex, überrascht und verärgert, dass ich die Welt um mich herum vollständig ausblende. Mein Blick ist starr gerichtet auf die beiden. Jetzt teilen sie sich auch noch ein Getränk! Nein, das kann ich nicht akzeptieren. Dieses Schauspiel muss ein Ende haben. Doch ehe ich die Eingangstür des Fast Food-Lokals erreiche, reißt mich das wilde Hupen und das Quietschen von bremsenden Reifen aus meiner kleinen Welt, die nur aus mir und den beiden besteht.

»Haben Sie keine Augen im Kopf, Vollidiot?!«, schreit der Typ hinter dem Steuer.

»Ja sorry. Hab nicht aufgepasst«, antworte ich sichtlich erschrocken.

Ich gehe langsam beiseite, damit der Mann weiterfahren kann. Mir ist die Sache etwas peinlich. Um mich herum stehen Menschen und glotzen mich an. Könnt ihr mal wegsehen?! Ist ja nichts passiert. Ein Jugendlicher hat sogar schon sein Handy gezückt und war wahrscheinlich schon startbereit, um meinen blutüberströmten, überfahrenen Körper zu filmen, damit er es gleich heute Abend noch auf Youtube stellen kann. Mieser kleiner Wichser.

Ich schließe kurz meine Augen, verdränge die gaffenden Blicke der Leute aus meinem Kopf und atme tief durch. Als ich die Augen öffne und durch das Fenster von McDonalds blicke, sehe ich sie nicht mehr. Der Platz, an dem meine Freundin und ihr Lover saßen, ist leer. Hat sie mich gesehen und wusste, dass sie ertappt wurde? Und ist sie deshalb abgehauen?

Warum war sie eigentlich hier? Sie müsste doch noch arbeiten. Fragen über Fragen bohren sich durch meinen Schädel wie Würmer durch einen Apfel.

Ich gehe zurück zu meinem Auto und setze mich ans Steuer. Der Hunger ist verschwunden. Dieses Bild, es hat sich in mein Hirn eingebrannt. Mein Engel und dieser Teufel. Es fühlt sich an, als wären meine Heimat, mein Lebenssinn und meine Träume mit einem Schlag verschwunden. Weg und nicht mehr auffindbar. Für immer und ewig.

Diese Leere in meiner Brust erfüllt mich mit Trauer und Wut zugleich. Ich kann jetzt irgendwie verstehen, weshalb dieser Kerl meinen alten Freund niedergemetzelt hat, nachdem er ihn mit seiner Freundin erwischt hat. Ich kann nur nicht verstehen, weshalb er auch sie umgebracht hat. Ich könnte es nicht. Aber wenn ich jetzt so darüber nachdenke. Zu einem Betrug gehören immer zwei Menschen. Sie wurde mit ziemlicher Sicherheit nicht dazu gezwungen mit dem Kerl hier zu essen. Oh nein. Die kleine Schlampe wollte es so. Hat bestimmt noch für diesen hässlichen Gesichtsunfall bezahlt. Ich fühle diese glühende Wut in mir. Die Trauer hat sich zurückgezogen, wie ein Soldat, der weiß, dass er keine Chance mehr hat. Mein Handy gibt einen Ton von sich. Ist sie es? Will sie sich entschuldigen? Hoffnungsfroh krame ich mein Handy aus meiner Hosentasche. Mit dem Blick auf mein Display setzt tiefe Enttäuschung ein. Es ist Klaus. Ein ehemaliger Freund von mir. Aber das Arschloch wollte sich zwischen mich und meinen Engel stellen. Sagte mir, ich solle sie ziehen lassen. Aber nichts da. Ich hab um meine Liebe gekämpft und wir sind glücklicher denn je. Dachte ich zumindest. Aber jetzt, nachdem ich sie mit diesem Fremden gesehen habe, bin ich mir diesbezüglich nicht mehr so sicher.

Klaus hat mir eine SMS geschrieben. Er weiß, dass ich nicht rangehe, wenn er mich anruft. Aber eine SMS lese ich fast immer. Auch wenn ich die Person, die sie mir geschickt hat, abgrundtief verabscheue. Ich öffne die Nachricht und beginne damit sie zu lesen.

Fängt es jetzt schon wieder an? Lass sie doch einfach in Frieden. Oder muss ich wieder dafür sorgen, dass du dich von ihr fernhälst?

Dieses kleine Arschloch. Jetzt drängt er sich schon wieder zwischen uns. Bestimmt war er es, der ihr diesen Kerl vorgestellt hat. Damit sie mich verlässt und endlich zu ihm geht. Oh ja, ich weiß, dass er schon seit Jahren in MEINEN Engel verknallt ist. Aber nicht mit mir. Verärgert haue ich auf das Touchdisplay meines Handys und schreibe Klaus eine Antwort.

Fick dich und lass uns in Ruhe!! Du hast keine Chance bei ihr. Ganz egal was du tust, wir werden uns niemals trennen, denn wir lieben uns zu sehr!!

Ich drücke auf ›Senden‹. Soll er doch dafür sorgen, dass ich mich von ihr fernhalte. Würde zu gerne wissen, wie er das schaffen will.

Nachdem die Nachricht gesendet wurde, starte ich meinen Motor und fahre los. Ich fahre einfach vor mich hin. Gedankenversunken, grübelnd über das, was ich in dem Fast Food-Lokal gesehen habe. Unsere Beziehung hatte schon viele Höhen und Tiefen. Doch ich brauche sie. Sie ist mein Zuhause. Meine Heimat. Ich gehöre zu ihr. Und sie zu mir. Ich bemerke gar nicht wie schnell der Abend hereingebrochen ist. Ich bin mitten in der Innenstadt und weiß nicht mehr, wie ich dort gelandet bin. Ich muss zurück nach Hause fahren. Sie ist bestimmt schon da und macht sich Sorgen. Und ich muss mit ihr reden. Vielleicht war die Szene im McDonald‹s nicht das, wonach es aussah.

Es dauert fast eine Stunde bis ich zu Hause bin. Ich parke wieder etwas weiter entfernt, damit ich die kühle Abendluft bei einem Spaziergang genießen kann. Als ich in die Straße biege, in der meine Prinzessin wohnt, erstarre ich. Vor dem Haus, in dem sie wohnt, steht ein Polizeiwagen. Oh mein Gott, ihr ist etwas passiert! Bestimmt hat sie dieses Arschloch von heute Nachmittag verschleppt und umgebracht.

Ich renne hin. Angsterfüllt und voller Sorge. Meine schnellen Schritte poltern auf dem Gehsteig. Mein Herz rast. Tausend Gedanken schießen durch meinen Kopf. Wenn ihr etwas passiert ist, dann bin ich allein. Verlassen. Heimatlos. Ich nähere mich schnell der Eingangstür. Ein Polizist sieht mich und geht bedächtig auf mich zu. Ich drossele meine Geschwindigkeit und bleibe vor dem Herrn stehen.

»Was ist passiert?«, frage ich angsterfüllt.

»Wer sind Sie?«, fragt der Polizist zurück.

»Pascal. Pascal Behner. Also sagen Sie mir jetzt bitte, was passiert ist?«

»Wohnen Sie in diesem Haus?«, fragt der Polizist abermals und zeigt mit dem Finger auf das Haus, in dem meine Prinzessin wohnt.

»Ja. Aber ich war heute den ganzen Tag nicht da. Was ist los?«

»Kennen Sie eine Frau Rosenschneider?« Boa hey, was soll der Scheiß?! Ist das hier jetzt eine Frage/Gegenfrage-Stunde, oder was? Wäre der kein Polizist, dann hätte ich den Typen für seine blöden Fragen schon angeschrien. Diese Fragen nagen an meiner Geduld. Ich will wissen, was mit meiner Kleinen passiert ist.

»Kennen Sie Frau Rosenschneider?«

Die Frage reißt mich wieder aus meinen entnervten, aber sorgenvollen Gedanken. Ich überlege kurz. Irgendwas sagt mir der Name. Ich glaube, ich habe ihn schon mal an einem der Briefkästen im Haus gelesen.

»Ich denke schon. Sie ist eine der Nachbarinnen. Warum fragen Sie?«

»Sie wurde tot im Treppenhaus aufgefunden.« Ein kleiner Stich zieht sich durch meinen Brustkorb. Einerseits durch den Schock, schließlich ist in dem Haus ein Mensch gestorben, andererseits aus Erleichterung, weil mit meinem Engel alles in Ordnung ist.

»Was ist passiert?«, frage ich.

»Das können wir zum jetzigen Zeitpunkt nicht sagen. Die alte Dame wurde vor zwei Stunden leblos im Treppenhaus aufgefunden.«

Die alte Dame?! Ha, vielleicht hat es die alte, neugierige Mumie von heute Nachmittag endlich erwischt. Falls ja, dann hat der natürliche Lauf des Lebens im richtigen Moment eiskalt zugeschlagen. Eine innere Freude baut sich in mir auf. Ich darf aber auf keinen Fall lächeln.

»Das ist wirklich schrecklich«, sage ich betroffen. Zumindest tue ich so.

»Sie möchten wahrscheinlich in Ihre Wohnung, oder?«

»Ich kann warten, wenn Sie noch nicht fertig sind. Ich gehe gerne noch eine Runde spazieren.«

Ich verabschiede mich von dem Gesetzeshüter und gehe innerlich gutgelaunt weg. Bis zur nächsten Straßenkreuzung setze ich aber noch mein Trauer-Gesicht auf. Der Bulle soll nicht meinen, ich sei ein herzloses Arschloch.

Ich schlendere zwischen den parkenden Autos hindurch und frage mich, wo mein Engel ist. Als ich gerade vom Haus wegging, sah ich noch kurz nach oben zum Fenster und das Licht war aus. Ist sie noch immer mit diesem Unbekannten zusammen? Haben die beiden gerade Sex? Eine ansteigende Wut brodelt in mir bei diesen Gedanken. Nein, sie betrügt dich nicht. Das würde sie nie tun. Und wenn doch? Was tue ich dann?

Plötzlich zieht es in meiner Brust. Was ich sehe, lässt mir den Atem stocken. Ihr Auto. Auf dem Parkplatz des Getränkemarktes. Sie sitzt am Steuer. Aber sie ist nicht allein. Neben ihr sitzt wieder dieser Typ. Dieses Krebsgeschwür in unserer Beziehung. Sie sprechen miteinander. Ich glaube, sie haben mich noch nicht gesehen. Ich beobachte sie. Sehe jeden Blick, den sie sich zuwerfen, jede kleinste Bewegung, die ich in der Dunkelheit erkennen kann. Ich gehe in die Knie. Schleiche mich heran. Benutze andere Autos als Deckung. Ich will wissen, was sie sagen. Aber um sie hören zu können, muss ich näher dran sein. Schritt für Schritt komme ich heran. Ich höre schon einzelne Laute. Silben. Ich kann die Wörter »Angst« und »Gestörter« aus diesen hörbaren Fragmenten zusammensetzen. Sie wirkt ängstlich. Beinahe verstört. Was ist denn nur los mit ihr?

Auf einmal muss ich etwas sehen, was mir ganz und gar nicht gefällt. Der Arsch nimmt sie in den Arm und küsst sie auf die Wange. Er streichelt ihr zärtlich den Rücken und sagt immer wieder irgendwas wie »Alles gut«. Nix ist gut, du Sau. Lass die Finger von ihr. Seine Umarmung löst sich. So ist es richtig. Doch was die beiden jetzt tun, gefällt mir gar nicht. Sie blicken sich lange tief in die Augen und dann passiert es. Sie küssen sich. Dieser Anblick lässt alle meine Synapsen implodieren. In meinem Kopf herrscht nur noch ein Gedanke. Der Wichser muss weg! Ich springe aus meinem Versteck, rase auf die Beifahrertür zu und reiße sie auf. Die Küssenden lassen voneinander ab. Der Kerl sieht mich entgeistert an.

»Pascal?!«, höre ich meinen Engel schreien. Ich ziehe den Kerl vom Sitz und schleife ihn vom Auto weg. Mein Körper ist voller Adrenalin. Ich fühle mich unendlich stark. Das Arschloch ist nicht gerade leicht, doch in meiner Wut fühlt sich sein Körper federleicht an. Er schreit, zappelt und wehrt sich gegen meinen Griff. Versuch es nur, du Arsch. Versuch es nur. Das stärkt mich nur noch mehr. Wilde Schreie ertönen in meinem Gehör. Ein Wirrwarr aus verschiedenen Worten. »Nein«, »Lass mich«, »Hilfe«. Meine Süße schreit nach Hilfe. Kleines, ich bring den Mann schon weit weg von dir. Keine Angst. Der wird dich nicht mehr küssen.

Ich bleibe stehen und schlage mit voller Wucht zu. Als meine Faust auf sein Gesicht kracht, höre ich das Knirschen seiner brechenden Nase. Blut spritzt sofort heraus. Dieser Anblick gefällt mir. Wie ein Berserker schlage ich entfesselt auf den Mann ein. Hieb um Hieb rattert in seine Fresse, die sich langsam in einen matschigen, blutigen Klumpen verwandelt. Seine Wehrversuche erlöschen. Meine Süße schreit, packt mich an der Schulter, will mich wegziehen. In meiner Wut schaue ich sie an.

»Lass mich!«, brülle ich ihr entgegen und gebe ihr eine schallende Ohrfeige, nur um mich gleich darauf wieder um den Wichser am Boden kümmern zu können. Nach drei weiteren Schlägen bemerke ich, was ich getan habe. Ich lasse von dem röchelnden Kerl ab und sehe zu meiner Prinzessin. Sie sitzt am Boden, hält sich die Wange und wimmert vor sich hin.

»Es tut mir leid.«

Ich mache einen Schritt auf sie zu.

»Geh weg!«, brüllt sie mich an. »Ich will dich nie mehr sehen!«

»Aber Liebling, ich –«

»Ich bin nicht dein Liebling! Wir waren einen Monat zusammen. Dann hab ich bemerkt, dass du ein Psycho bist. Und jetzt stalkst du mich schon seit drei Jahren!«

»Liebling, wer hat dir denn sowas erzählt? War es Klaus?«

»Hau ab und lass dich nie wieder blicken! DU MONSTER!«

Ich knie mich vor sie hin. Ich will ihre Wange berühren, doch ehe es soweit kommt, revanchiert sie sich für eben und gibt mir eine klatschende Ohrfeige.

»Verpiss dich!«, schreit sie und spuckt mich an.»Lass mich doch bitte in Ruhe!«

Sie weint bitterlich. Sie ist eine gebrochene Frau. Am ganzen Körper zittert sie. In diesem Moment wird mir klar, dass ich sie verloren habe. Mein Herz fühlt sich leer an. So einsam fühlte ich mich noch nie in meinem Leben. Es ist vorbei.

Polizeisirenen ertönen. Ich blicke zu Boden. Der Lover meiner Ex-Freundin liegt dort und atmet kaum noch. Mir bleibt nur noch ein Weg. Ich muss rennen. Hier verschwinden. Zum Glück steht mein Auto nicht so weit weg. Innerhalb weniger Minuten bin ich dort angekommen. Ich starte den Motor und fahre los. Vor meinem geistigen Auge sehe ich immer wieder die Szenen von vorhin. Wie sich das Gesicht dieses Mannes in einen fleischigen, blutigen Klumpen verwandelt. Wie mein Engel weint und mich verlässt. Es fühlt sich so leer an. Ich fühle mich heimatlos. Diese Frau war mein Zuhause. Mein Leben. Mein Ein und Alles. Und nun muss ich mir eingestehen, dass ich sie verloren habe. Ja, ich weiß, dass sie mich vor Jahren verlassen hat. Aber das tat sie nur, damit ich mich mehr anstrenge. Aber was heute Abend passiert ist, das kann ich nicht mehr gut machen. Wir waren zwei Menschen, die sich liebten, sich stritten und sich versöhnten. Zwei Menschen, die ihr Leben miteinander teilen wollten. Jetzt sind wir nur noch zwei Menschen. Fremde, die sich mal kannten.

Mit dieser Gewissheit will ich nicht mehr leben. Bin ich erstmal tot, wird sie sich wünschen mich nie verlassen zu haben. Sie wird wieder diese tiefe Liebe in sich spüren, die ich heute Abend in ihren Augen so schmerzlich vermisste. Ich wollte doch nur ihre Liebe. Meine hatte sie schon. Bedingungslose, aufopfernde, einfach nur dämliche Liebe.

Ich fahre aus der Stadt heraus. Die Nacht ist mein Begleiter und die Dunkelheit schon bald meine neue Geliebte. Weiter vorne kommt eine enge Kurve. Keine Leitplanken. Dafür ein großer Baum am Fahrbahnrand. Ich schließe meine Augen und gebe Gas.

»Ich liebe dich, mein Engel.«

Frau Huber macht Probleme

von Jens Rohrer

Wie jedes Jahr zu Weihnachten reiste ich auch diesmal wieder in das kleine Dorf, aus dem ich stammte und in dem meine Eltern immer noch lebten. Weg aus der wohligen Anonymität der Großstadt, dorthin wo jeder jeden kannte. Wo der Satz ›Was sollen die Nachbarn denken.‹ Lebensmaxime und Grundstock eines jeden Strebens war. Als ich beim Haus meiner Eltern ankam, war es bereits dunkel. Ich betrat den Hausflur und wollte gerade das Licht anknipsen, als ich bei der Garderobe ein flackerndes Licht bemerkte. Das war neu. Und musste sofort in Augenschein genommen werden. Schließlich hatte sich in der Diele meines Elternhauses ungefähr seit dem zweiten punischen Krieg nichts mehr verändert. Ich näherte mich dem Lichtschein in Erwartung irgendeines vorweihnachtlichen Kitschzeugs. Meine Mutter war ein wahrer Advents-Nippes-Junkie. Kaum ein putziger Gipsschneemann, ein Plüschrentier oder Holzengelchen, dem meine Erzeugerin widerstehen konnte. Für Vater ein beständiger Quell auf ihn abgefeuerter Schimpfkanonaden. Es passierte nämlich nicht selten, das er mit dem Ärmel einen grinsenden Keramikweihnachtsmann ins Jenseits beförderte. Er beteuerte zwar jedes Mal seine Unschuld und verwies auf seine Tolpatschigkeit, was ihm Mutter aber nie so recht abnahm. Sie war ihm aber immer nicht lange böse, vor allem, weil er so Platz für Nachschub schaffte.

Auf dem Garderobenschränkchen war der ›blöde Schrott‹ (Vater) jedoch sorgfältig entfernt worden um Platz zu machen für die beiden Kerzen, die ein DHL-Päckchen flankieren. Das kam mir natürlich etwas seltsam vor. Nicht dass sich hier jemand nicht über ein zugesandtes Weihnachtspräsent gefreut hätte. Aber dieses nicht auszupacken und ihm so etwas wie einen kleinen Altar zu errichten, kam mir übertrieben vor. Oder war Mutter verrückt geworden und hielt den quadratischen Karton mit etwa zwanzig Zentimeter Durchmesser etwa für eine Krippe oder ähnliches? Ich hatte schon davon gehört, das zum Beispiel Demenzkranken so etwas ohne Weiteres zuzutrauen war. Aber über eine demente Mutter hätte man mich doch informieren müssen. So etwas kann man doch nicht unter den Teppich kehren. Egal, ob die Nachbarn reden.

Das Klacken des Haustürschlosses unterbrach meine Überlegungen und ich besah meine eben eingetretene Mutter genau, um etwaige Anzeichen von Irrsinn festzustellen. Zumindest äußerlich schien sie in Ordnung zu sein.

»Mama, was ist denn das da an der Garderobe?«, ich konnte mich nicht mit einer Begrüßung aufhalten, zuerst das Mysterium entwurlen.

»Ach, das ist Frau Huber.«

»Was soll das heißen? Das ist Frau Huber. Spinnst du?

»Na, die Frau Huber. Die kennst du doch. Die Schwiegermutter vom Markus. Ihr wart doch damals die besten Freunde.«

»Ja schon Mama, aber ...«, ich begriff immer noch nicht und machte mir stattdessen weiter Sorgen um ihren Geisteszustand.

»Na, die ist letzten Dienstag gestorben.«

»Ja, aber was macht dann die Frau Huber in unserer Diele?«

»Ach so, das kannst du ja gar nicht wissen. Die Frau Huber wollte ja eingeäschert werden. Drum hat sie der Bestatter ins Krematorium nach München geschickt. Die haben sie dann verbrannt und die Urne an das Pfarramt adressiert. Als die Frau Huber da ankam, war da aber keiner. Also hat der DHL-Bote, der Michael, mit dem warst du doch im Fußballverein. Der hat ja die Susanne geheiratet. Die haben jetzt zwei ganz entzückende Kinder. Und seine Mutter freut sich total, wenn sie auf die Kleinen aufpassen darf. Hast du eigentlich eine Freundin? Du musst doch auch mal heiraten. Du bist doch schon sechsunddreißig.«

»Mama!«

»Was?«

»Die Frau Huber. Warum ist die hier?«

»Ach so. Der Michael weiß ja, das ich halbtags im Pfarrheim arbeite und ist deshalb mit der Frau Huber zu uns gefahren. Ich war zwar nicht daheim, aber die Oma hat die Frau Huber angenommen, weil der Michael hat ja auch nicht gewusst, wohin mit ihr.«

»Ja, Mama, aber das war heute morgen. Was macht sie denn immer noch bei uns?

»Ich hab dann ein paar Verwandte angerufen, aber die wollten die Frau Huber nicht abholen. Die haben alle gesagt, es wär ihnen unheimlich, eine Tote im Haus zu haben. Aber was soll ich denn da sagen? Der Pfarrer meldet sich ja auch nicht. Ich hab dann die Frau Huber erst mal in die Garderobe gestellt. Aber irgendwie möcht ich sie dann schon bald wieder loswerden. Der Frau Huber ist das bestimmt ja auch unangenehm. Die war ja immer so freundlich und zuvorkommend.«

»Und was soll das mit den Kerzen?«

»Na du bist ja gut. Die solls doch schön haben bei uns. Das war eine ganz nette alte Dame. Und was hast du jetzt vor? Willst du mit uns Fernsehschauen?«

Weihnachten mit Willi Wuff Teil 3 oder was auch immer Mutter als Abendgestaltung auserkoren hatte, wäre mir aber letzten Endes zu viel gewesen. Stattdessen warf ich meinen Rucksack in mein altes, selbstverständlich völlig unverändertes, Kinderzimmer und beschloss, der Dorfkneipe einen Besuch abzustatten.

Es war erst früher Abend und in der Dorfwirtschaft deshalb auch noch nicht viel los. Nur an einem Ecktisch saßen Gregor, Paul, Sepp und Bernd und spielten Karten. Aber sie gehörten ohnehin schon zur Einrichtung. Ansonsten bestand das Inventar aus bei jedem Schritt knarzenden Bodendielen, schweren Holztischen und den obligatorischen, ehemals weißen, jetzt nikotingelben, Spitzenvorhängen. Ich saß noch nicht lange an der, ebenfalls hölzernen, Theke vor meinem Bier, als Markus hereinkam. Markus ist der Schwiegersohn von der Frau Huber. Er setzte sich zu mir an die Bar und bestellte ebenfalls ein Bier.

»Du, falls du deine Schwiegermutter nochmal sehen willst, die ist bei uns daheim.«

»Jaja, deine Mutter hat mich vorhin angerufen. Ich hab sie gerade abgeholt und nachher bring ich sie zum Pfarrer. Mit dem hab ich auch schon telefoniert. Die Beerdigung ist übermorgen. Im Moment ist sie da unten«, sagte Markus und zeigte auf seinen Rucksack, den er auf dem Fußboden an die Theke gelehnt hatte.

»Ist doch schön oder?«, fügte er hinzu.

Ich meinerseits dachte darüber nach, ob jetzt alle nicht mehr ganz dicht waren, sagte aber vorsichtshalber:

»Was? Schön? Dass sie gestorben ist?«

»Nein, natürlich nicht. Aber die Frau Huber hat ja in den letzten Jahren kaum noch das Haus verlassen. Und jetzt kommt sie doch noch ein bisschen rum. Und darf sogar mit in die Kneipe.«

»Hast auch wieder recht«, entgegnete ich und stimmte in sein Grinsen ein. Dann stießen wir die Biergläser zusammen, wechselten einen kurzen Blick und hielten dann die Krüge unter die Theke. Beinahe zeitgleich sagten wir:

»Prost Frau Huber. Und frohe Weihnachten.«

Die Fahrt

von Stefan Brückl

Würden Sie im Linienbus an jeder Haltestelle nach geglücktem Stopp klatschen? Eben. Schließlich ist 2014. Also: Das Flugzeug landete, die Tür sprang auf, ich lief die Gangway runter und raus. Es war 07:31:44 Uhr, als ich mit den Füßen die Erde erreichte. A BE BAKK !

Vorbei am Förderband. Alles, was ich brauche, ist in meinem Rucksack. Handgepäck. Keine Zeit zu warten. Zeit ist Zeit.

Zeit zu warten. Alles in diesem Flughafen kam mir bekannt, fast vertraut vor, ich fühlte mich wohl, ich fühlte mich gut; ich tippte in mein Telefon und sprach über dies und das. Ich fühlte die traute, klimatisierte Flughafenatmosphäre und ich fühlte mich gut. Alles kam mir bekannt und – ja – vertraut vor. Vielleicht, weil alle Flughäfen aussehen, wie alle Flughäfen nun mal aussehen. EGAL, OB HIER ODER DORT, HAUPTSACHE ZUHAUSE. IHRE AIRLINE.

Ich kann mich nicht mehr an meine Abreise erinnern. Nine hours ago. Sie ist mir nicht in Erinnerung. Ich weiß noch, ich war nervös, klar. Mehr? Mehr weiß ich nicht mehr. Der Abschied fiel mir nicht schwer. Es war auch kein Abschied. Klar, Abschied ist Abschied. Aber das war kein Abschied. Nicht das Wegsein bedrängte mich, eher das Ankommen. Das war selten, zugegeben. Aber - WEHRE ARE YOU? CT, JUST IN TIME. No chance, good old boy. Die Leute in NYC wussten nichts von meiner Abreise. Aber was heißt ›Abreise‹; ich und sie, jeder reist hierhin und dorthin, immer und ständig und niemand würde auf die Idee kommen, allen deswegen explizit Bescheid zu stoßen. Jedenfalls nicht der Abreise wegen ...

Würzig roch die Nacht. Er kannte sie ewig, doch noch nie so. Er sah sie kaum, fühlte sie nur. Das Gras stach ihn wie Stecken in die Rippen, aber es war egal. Kein Auto, kein Flugzeug, kein Mensch störte den Moment. Kein Windstoß ließ die Blätter rasseln. Nichts. Nur er und sie, sonst nichts. Ein reiner Moment, in seiner Erinnerung.

Im Bus.[1] Drei Typen mit Bier aus Plastikflaschen wie Hühner auf der Stange. Der Junge: Kopf im Boden, strange. Der ältere: Pflegelotion im Haar, wirkt falsch. Der Mittlere: passt genau. Ein junger Typ mit großen Kopfhörern geht an ihnen vorbei, just in dem Moment, in dem der Bus vor den Dreien hält, weshalb ich es sehe. Der Paradeplastikbierflaneur singt[2] lauthals: »Der Junge mit der Mundharmonika ...«[3]. Der Junge scheint ihn nicht zu hören, hören zu wollen. Er lacht, die anderen

---

1 Der erste Abschnitt im Präteritum, da ich erst hier im Bus beginne alles aufzuzeichnen.

2 Singt?

3 YouTube: Bernd Clüver - Der Junge mit der Mundharmonika (D) 1973; https://www.youtube.com/watch?v=CL_eNFYqkwc; aha, what a waste of time.

grinsen und trinken. Der Stadtbus fährt weiter. Es ist 08:11:32 Uhr.

Seit zwei Jahren, war ich nicht mehr dort und jetzt ... Ob sie wissen, dass ich komme? Eigentlich war es nur in meinem Kopf. Eigentlich können sie es nicht wissen. Solange ich nichts schreibe – dann würden sie es natürlich sofort sehen. GESENDET AUS MÜNCHEN. Sofort wüssten sie Bescheid. Nicht NYC, PARIS, ISTANBUL, LONDON, TOKIO ... T hat mir geschrieben, aber ich kann ihm jetzt nicht antworten, sonst wüsste er ja, wo ich bin. Vielleicht denken sie sich, dass ich komme. Ich muss. Schließlich ist sie – GIVANOTTO, QUANDO RITORNO ? F. Mi scusa ...

50 Cent für diese widerliche Klopiss-Atmosphäre. Ich spucke auf den Boden und pisse hinter eine Hecke, vor der Menschen gehen und versuche gänzlich unauffällig drein zu schauen, wobei ich mich frage, ob es nicht gerade das ist, was mich auffällig macht.
Dann rein in den Bus, Doppeldecker, Platz, WLAN und keine Pisspenner wie im Linienbus. DORFBUS HÄLT NUR NOCH EINMAL AM TAG – KOSTENREDUZIERUNG. Andere Menschen suchen Plätze, es ist noch Platz. Nicht zu mir! Ich schotte die Ohren ab und bin weit weit weg ...[4]

---

4 Bei dieser Formulierung denke ich an Ferris MC in einem Song von Dendemann, dessen Titel mir gerade nicht einfällt.

Atmosphäre wird etwa gleichbedeutend mit ›Stimmung‹ oder ›Aura‹ gebraucht und bezeichnet

- aus rezeptionstheoretischer Sicht eine subjektive Stimmung, die sozial und von der äußeren Umgebung vermittelt wird oder aber
- eine objektive Eigenschaft einer Umgebung, die sich nicht allein auf einen einzelnen Gegenstand zurückführen lässt, sondern auf die Art der Zusammenstellung dieser Umgebung. Atmosphären werden in diesem Zusammenhang von Gernot Böhme wegen ihrer Reproduzierbarkeit, d.h. ihrer stets ähnlichen Wirkung auf verschiedene Menschen, als objektive Gegebenheiten aufgefasst.[5]

Deutschland ist Solarland, Deutschland ist Autobahnland, ist Autobahnbiotopland.

Nach einer Stunde Fahrtzeit[6] sind sie mir vertraut wie eine Familie. Links die 35-jährige, die gleich zu Beginn so laut telefoniert, dass ich kotzen könnte und das schlimmste für meine Lektüre befürchte, die sich dann doch als erstaunlich ruhig herausstellt und lediglich das Tippen auf Tasten hören lässt. Dahinter die wohl erst 16-jährige, die von ihrer Mutter zum Bus gebracht wurde, was in kras-

5 Wikipedia: http://de.wikipedia.org/wiki/Atmosph%C3%A4re_%28%C3%84sthetik%29

6 Und noch 4,5 Stunden Fahrtzeit vor mir – wirklich das letzte Kaff.

sem Gegensatz zur Kürze ihres Rockes und zur Weite ihres Brustumfangs steht; Typ ›Stiller Schmoller‹, schweigsam, aber nicht schüchtern, trägt ihre Brüste stolz vor sich her.[7] CHECK DAS MAL. R. Vorne eine Familie mit auffallend braven Kindern. Hinter mir zwei alte Engländerinnen, die im breitesten Britisch über Tee, Gott und die Welt parlieren.[8] Außerdem mehrere Giovanotti in meinem Alter mit Laptop und Stöpseln und eine Dame ganz überhüllt von einem überdimensionierten Seidentuch, schlafend.

Fast riecht er wieder ihren Geruch, den ihrer Haare und den ihrer Haut. Fast sieht er wieder ihr Lächeln. Er weiß noch, dass sie keine Angst vor Spinnen hatte, Knie eklig und unerotisch fand, dass sie immer abends nie morgens duschte, dass sie ständig[9] telefonierte, dass sie den Sommer liebte und den Winter hasste, dass sie gern weggehen wollte, es aber nie tat. Ob sie es je tat – er weiß es nicht. Er weiß nicht, wo sie ist, wer sie ist, was sie ist oder noch sein will. Er kannte sie nur einen winzigen Ausschnitt ihres Lebens lang.

---

7 Wunderbare Formulierung; nicht von mir, von einer Freundin, deren Name an eine schwedische Schauspielerin aus dem letzten Jahrhundert erinnert, von der ich allerdings nichts weiß außer ihren Namen.

8 Wie herrlich stereotyp!

9 Nicht wie alle, nein, wirklich ständig, sprich: durchgehend.

BIST DU HIER? BIN IN DER STADT. L. Ich dachte selten an das Haus. Überhaupt dachte ich selten an Gebäude. Eigentlich nie. Eigentlich immer nur an Menschen, manchmal an Landschaften, Bilder und Blicke, die ich hatte, die ich heute im Kopf habe. Vermutlich waren sie nie echt. Vermutlich waren sie immer nur in meinem Kopf. Aber egal, ob fiktiv oder real. Jeder Mensch wird irgendwann an den Punkt kommen, an dem er sein Leben als eine auf Zahlen und Daten basierende Geschichte erzählen kann. Aber jede Geschichte, die man erzählen kann, ist fiktiv.[10] Ich glaube nicht, dass die Gedanken, die Bilder der Vergangenheit Abbild einer mal existenten Vergangenheit sind. Aber es ist mir egal.

Der Bus schiebt sich nun schon seit einer Stunde durch eine Gegend, für die das Wort ›Pampa‹[11] erfunden wurde. Vor einem einzigen Haus und ohne, dass ich weitere Häuser erkennen kann, steht eine Bushaltestelle.[12] Neben dem Schild steht eine Gartenbank mit spalierter Rückenlehne, die geschwungen in eine Seitenlehne übergeht; türkis. ZIEHT EUCH DAS REIN – WASN DEPP! Ich lache und vergesse, dass ich gar keinen Grund dazu habe. Ich fahre schließlich nicht aus Spaß an der Freude

---

10 Frei nach Max Frisch übernommen (Was für ein überragender Name, man könnte ihn nicht besser erfinden, eine Art deutscher Max Power).

11 www.duden.de sagt, kommt aus dem Argentinischen und bedeutet ›Grassteppe‹

12 Jedenfalls ein Schild auf dem ›Bushaltestelle‹ steht.

zurück. Ich fahre nicht zurück, weil ich zurück will, weil es mich zurückzieht. Ganz im Gegenteil. Aber irgendwann kam ich mit meinem Denken zu dem Entschluss, dass ich muss. Ich fuhr sofort zum Flughafen, ohne Anlauf, ohne Nachdenken und Abwägen. Wie oft dachte ich daran, umzukehren. Einfach raus und zurück. Aber irgendwie konnte ich nicht.

Wir müssen runter von der Schnellstraße. Die Dorfdichte erhöht sich und mit jedem Dorf kommt mein Dorf näher. In einer Stadt[13] sehe ich dreißig junge Männer, oberkörperfrei, auf einem Dach sitzen und Bier trinken. Sie brüllen und kreischen, wie junge Mädchen auf schlechten Konzerten. Wedelnde Schaumstoffschlangen in den Händen. Eine aufgekratzte Horde. Sie erinnern mich an die Fatzkes von XX[14], die auf Balkonen und Doppeldeckerdächern, oberkörperfrei, Werbung für Bekleidung machen, die sie nicht anhaben, denen ihr mieser Intelligenzquotient egal ist. Sie erinnern mich an eine Hausbesetzung durch einen Burschenverein, an einen aus dem Ruder gelaufenen Ausflug einer Burschenschaft,[15] bloß die dümmlichen Mützen fehlen.

---

13 ›Stadt‹ ...

14 Bekleidungsunternehmen; ich will nicht auch noch Werbung für die Blödmänner machen.

15 Beides ist nicht zu verwechseln; sie pflegen aber ähnliche Rituale.

Nie wollte sie mich besuchen. Der Weg war ihr zu weit. Wenn ich die Busfahrt sehe, weiß ich warum. Aber was sind schon Wege. Wege und Orte, alles und nichts. Alles ist überall, ist nirgendwo. Sie wollte nicht weg. Nicht mal für Stunden. Die Geschichte mit dem alten Baum, den man nicht mehr verpflanzt, es war ihre Geschichte. Die Geschichte, die sie immer und immerzu zitierte, bis sie nur noch ein Zitat ihrer selbst war. Sie sagte, ich solle kommen. Aber ich kam nicht. Vielleicht war auch mir der Weg zu weit.[16] Nicht in Kilometern gerechnet. Vielleicht war auch ihr der Weg zu weit, nicht in Kilometern gerechnet. Vielleicht. Ich weiß es nicht. Und ich werde es nicht erfahren.

Der Bus steuert einen Rastplatz an: »Sehr geehrte Reisende, ich muss aufs Klo. Bitte bleiben Sie sitzen, es geht gleich weiter.« Ich grinse, manche schütteln den Kopf.
Die Frau hinter mir spricht mit ihrem Mann, dann Kind 1, ihrem Mann, dann Kind 2, wieder ihrem Mann, dann legt sie auf. Sie beginnt und/oder beendet jeden Satz mit »Mein Schatz«, egal, wer am Apparat ist. Zu ihrem Mann sagt sie ständig Sätze mit »schönen Tag machen« und »Spaß haben«. Am Ende sagt sie: »Ja, mein Schatz, tschüss, mein Schatz, mein Schätzchen, tschüss, tschüss, tschüss.« Währenddessen arbeitet sich der Bus

---

16 Was wörtlich gesehen Unsinn ist; ich fliege einmal wöchentlich und Flugzeiten interessieren mich nicht, wenn ich fliege, hab ich meine Leute genauso um mich, wie wenn ich Zuhause hocke.

von Dorf zu Dorf, von Acker zu Acker, vor allem Mais, auch mal Weizen. Das Ende ist absehbar.

Ihre Wäsche roch, wie nur ihre Wäsche roch. Die Wäsche, die sie nun nicht mehr trug, die jetzt neben dem Bett den Boden säumte, die er ihr zuvor vom Leib zerrte, die als einziges noch zwischen seiner und ihrer Haut gelegen hatte, die sie weg geschleudert hatte, die noch nicht den Boden berührt hatte, als sie sich schon küssten, die ihnen nun egal war. Diese Wäsche – noch hin und wieder sollte er an sie denken, wenn er den Geruch anderer Frauen wahrnahm. Aber es blieb immer ihr Geruch, den die anderen Frauen nur geliehen hatten. Der Geruch führte ihn zu ihr, der Geruch, blieb ihr Geruch, egal, wie sie heute roch.

Ich öffne das Fenster und rieche das Gras. Ich möchte an sie denken, nur an sie. Tausende Gedanken durchziehen meinen Kopf. Keinen kann ich fassen, alles und nichts, jetzt und dann. Ich möchte mich an Konkretes erinnern, möchte es erzwingen, aber gerade deshalb denke ich alles und nichts. Aber ich fühle das Bekannte. Das Gras in NYC riecht anders. Denke ich. Ich weiß es nicht. Jedenfalls denke ich es. Vielleicht weil es mehr ist.

Das Ortsschild kommt. Ich sehe die Buchstaben und ein Schauer überläuft mich. Ich verbinde kein Trauma mit dem Dorf. Ich ging nicht, weil ich nicht mehr dort sein wollte. Ich ging, weil ich woanders sein wollte. Ich ging, einfach weil ich ging.

Kein Grund, der mich Jahre später noch einholt. Kein Grund, der einen Roman begründen könnte, der Gruseln und Grauen erzeugen könnte, der Angst macht und unheimlich[17] ist. Der Ort, die Menschen, es ist, wie es ist. Warum ich solange nicht kam – ich weiß es nicht. Es gibt keinen Grund. Und wenn, dann kenne ich ihn nicht. Aber jetzt bin ich hier und es ist nicht, wie ich dachte, dass es ist. Die Bilder stimmen mit der Realität nicht überein. Es stört mich. Ich wusste es. Aber ich wollte es nicht so deutlich vor Augen geführt bekommen.

Der Bus hält. Ich steige aus. Noch vier Straßen, noch wenige Meter ... Die Sonne scheint. In den Vorgärten steht das geschnittene Gras, duftet und wartet und wartet auf nichts. Und ich gehe und dann endlich sehe ich – HEY A, DU HIER ? ICH SEH ES DOCH. T.

---

17 Natürlich im besten Sinne freudsch: Das Unheimliche; E.T.A. Hoffmann: Der Sandmann; das Bekannte (das Heimliche), das einem unbekannt (unheim-lich) wird und so zurückkehrt.

Kneipenbesuche

von Michael von Benkel

Tot. Mausetot. Das war ja einfach, gar keine große Sache. Ein astreiner Mord.

So, habe ich damit Ihre geschätzte Aufmerksamkeit, werte Leserschaft? Vielleicht sollte ich dann erzählen, wie es dazu kam. Dazu müssen wir ein paar Stunden in der Zeit zurückgehen. Es ist jetzt Nachmittag in der kleinen Stadt an der Donau. Es dämmert schon und der Berufsverkehr setzt langsam ein.

Mit dem Berufsverkehr haben die beiden traurigen Gestalten, die da in einer kleinen Kneipe Billard spielen, aber nichts zu tun. Denn Arbeit haben beide nicht; weder Karl, den alle nur »Charly« nennen, weil das lässiger klingt, noch der »Doc«, der jetzt den Billardqueue in der Hand hält, als sei er einer der Profis aus dem Fernsehen, denen er nacheifert. Natürlich ist er kein Doktor, schließlich hat er nicht einmal einen Schulabschluß. Aber weil er immer so gescheit daherredet, sind die Leute irgendwann dazu übergegangen, ihn erst »Doktor«, dann nur kurz »Doc« zu nennen.

Weil sich das – raten Sie – einfach lässiger anhört.

Und Lässigkeit ist alles, wenn man den ganzen Tag keine Beschäftigung hat. Zwar gäbe es eine Menge, was man mit seiner freien Zeit anfangen könnte. Die meisten Aktivitäten haben allerdings den Nachteil, daß sie etwas kosten. Und Geld haben beide nicht viel, nur das, was Vater Staat den beiden monatlich gibt. Das reicht gerade für ein Bier ab und zu in der Gastwirtschaft »Zum Hirschen« und für eine Partie Billard, wenn sonst keiner spielen will. Weil dann Robert, der Wirt, die beiden umsonst eine ruhige Kugel schieben läßt. Sozial eingestellt, wie er ist, und wohl auch ein wenig aus Mitleid. Das ist allerdings so uneigennützig nicht, denn aus Arbeitslosen von heute könnten in dieser schnelllebigen Zeit schnell Superstars von morgen werden, die Taschen voller Geld. Senkrechtstarter, die sich dann an die Freundlichkeit des Wirts erinnern und eine Lokalrunde nach der anderen schmeißen. Sicher, wahrscheinlich ist das nicht. Aber in den Köpfen der beiden spuken Vorstellungen wie diese schon länger herum. Wenn man den Beiden in die Augen schaut, spürt man, daß sie gewissermaßen schon das Glück an ihre Türe klopfen hören.

Und diese Hoffnung färbt vielleicht auch ein wenig auf den Wirt ab.

Allein, es will und will nicht klopfen, das unberechenbare Glück.

Hat es nicht schon so oft ganz unverhofft eingeschlagen wie ein Blitz? Da denkt keiner was Gutes und plötzlich ist der Typ, der da die Straße hinunter gewohnt hat, Millionär. Oder hat zumindest Geld wie Heu. Jedenfalls hat das Geld gereicht, aus dieser Gegend weg zu ziehen. Aus dieser Gegend, wo sich eher unbegabte Graffiti-Künstler an jeder Ecke mit sinnfreien Parolen verewigen. Direkt neben dem Eingang etwa steht: »Freiheit für Rösler.« Wobei sich der Sprüher mit dem Platz ein wenig vertan hat und es am Ende nicht mehr für das letzte »R« gereicht hat. Weshalb dieses seinen Platz über dem »E« gefunden hat. Kein Mensch in dieser Gegend hätte das »R« am Ende vermisst, denn man kennt hier weder einen »Rösle«, noch einen »Rösler«. Nur der Wirt vermutet, daß es sich um einen der Gladbeck-Entführer handeln könnte. Warum dieser, der doch diese hübsche, junge Blondine ermordet hat, freigelassen werden sollte, bleibt ihm allerdings schleierhaft.

Der Wirt hat schon daran gedacht, die Schrift zu entfernen. Aber das wäre sinnlos, denn schon bald hätte ein Anderer den frei gewordenen Platz an der Wand vollgeschmiert. Außerdem sind an anderen Wänden Hakenkreuze zu sehen oder irgendwelche sexuellen Anzüglichkeiten, die auf eher schlichte Gemüter der Urheber schließen lassen.

Da ist die Forderung, einen Mann frei zu lassen, den niemand kennt, schon besser.

Außerdem sollen die Gäste sich ja in der Kneipe wohlfühlen. Die Fassade wirkt ohnehin nicht sehr werbewirksam. Das unterscheidet sie nicht von den anderen Fassaden der Straße. Trostlosigkeit ist hier Programm. Aber, wie gesagt, es geht ja um das Wohlergehen der Kneipengänger. Die wollen hier nach Feierabend, wenn sie einen solchen haben, noch gemütlich ein Bier zischen, bevor die ungemütliche Realität ihres Zuhauses sie wieder einholt.

Und man fühlt sich hier wohl, Charly und der Doc auf jeden Fall, denn sie können hier für ein paar Augenblicke vergessen, daß sie eigentlich nicht einmal so etwas wie ein echtes Zuhause haben. Charly, das ist der Pummelige mit dem Drahtverhau im Gesicht, wohnt noch bei seiner alkoholkranken Mutter, inmitten vergilbter Tapeten, an denen die innenarchitektonische Entwicklung der letzten Jahrzehnte völlig vorbeigegangen ist. Sein Zimmer ist im Grunde noch so eingerichtet wie zu den Zeiten, als er in die Schule kam.

Und das ist vielleicht auch der Grund, warum ihn seine Mutter noch immer wie ein kleines Kind behandelt. Das ist nicht die Art Zuhause, in die man gerne zurückkehrt, wo man sich seines Mantels entledigt und sich erst einmal gemütlich in seinen Lieblingssessel fläzt. Tatsächlich hat er im Wohnzimmer eigentlich nichts zu suchen. Weil da seine Mutter im Morgenmantel sitzt und sich den ganzen Tag mit Alkohol und amerikanischen Fernsehserien abfüllt. Wobei Charly weder den Geschmack seiner Mutter in Bezug auf Fernsehen, noch auf Gesprächsthemen teilt.

Er hat kaum die Wohnung betreten, da spannt ihn seine Mutter auch schon ein, ihr irgendetwas zu holen. Meist handelt es sich um Flüssigkeiten in

Glasflaschen. Wobei das Problem ist, daß sich die Flaschen noch im Supermarkt befinden. Flaschen gäbe es genug im Wohnzimmer, aber die gähnen allesamt vor Leere.

Und da muß schleunigst Nachschub her.

Und den muß der Herr Sohn besorgen, der ohnehin den ganzen Tag auf der faulen Haut liegt. Wo das noch alles hinführen soll, wenn nicht mal die jungen Leute mehr arbeiten, also zu ihrer Zeit hätte es das nicht gegeben. Ach, wenn doch ihr Mann noch leben würde, der würde andere Saiten aufziehen, aber ganz andere. Aber ist ja auch kein Wunder, wenn man aussieht wie ein Seeräuber, daß einen dann keiner nimmt, das schreckt ja alle Kunden ab.

Also schlägt man die Tür zu, nicht ohne noch ein wenig Geld aus der Börse genommen zu haben, man soll ja schließlich der Alten ihren Fusel holen.

Und trifft an der Ecke auf den »Doc«, der gerade nicht so recht weiß, was er tun soll. Man könnte doch eine Partie Billard spielen, jetzt, wo noch kein Mensch im »Hirschen« ist und man vielleicht umsonst spielen darf.

»Deiner Alten kannst du den Bölkstoff auch noch später holen.«

»Na gut, aber nur eine Partie.«

Natürlich bleibt es nicht bei der einen Partie, denn die gewinnt Charly. Und das schreit nach einer

Revanche. Und selbstverständlich kann man in einer Kneipe nicht nur umsonst Billard spielen, ein Bier muß man schon auch noch trinken.

»Du hast doch die Kohle von deiner Alten.«

»Aber die ist doch für Alkohol.«

»Na, genau dafür geben wir sie ja auch aus: Oder willst du 'n Spezi trinken?«

Also bestellt man sich zwei Bier, daran kann man lange nuckeln, dann kann auch der Wirt nicht nörgeln, daß man gefälligst was zu trinken habe, ist ja kein Jugendzentrum hier, sondern eine Kneipe.

Und in einer Kneipe hat man was zu bestellen.

Oder man fliegt raus.

Und aus zwei Partien werden vier. Und dann ist es ohnehin schon egal, die Alte wird sowieso Stunk machen, wenn man nach Hause kommt, da ist es schon besser, hier zu bleiben und Kugeln über den Tisch zu jagen. Je später man kommt, desto besoffener ist die Alte. Besoffen von den Notvorräten, die sie überall versteckt hat. Dann schläft sie womöglich und hat morgen die ganze Sache schon wieder vergessen. Und hier hat man seine Ruhe, der Doc sagt nicht viel, denn er neigt zum Stottern, wenn er was getrunken hat. Da genügt schon ein Bier und jeder Konsonant klingt in seinem Mund wie die Salve aus einem Maschinengewehr, während das Gegenüber genervt die Augen verdreht. Nein, da ist es schon besser, einfach mal seine Schnauze zu halten. Das mag Charly am Doc, denn in nüchternem Zustand kann der gute Dieter, so heißt der Doc mit bürgerlichem Namen, schon eine ganz schöne Nervensäge sein.

Allerdings hat es der Doc auch nicht leicht. Bei dem ist es der Vater, der nicht mit dem Alkohol umgehen kann. Und wenn der was getrunken hat, dann wird er aggressiv. Dann sucht der Streit, da ist es ihm egal, mit wem. Und da kommt ihm der Dieter gerade recht. Der ist zwar lang und dürr, aber wenn man den ganzen Tag nur vor dem Computer verbringt, dann wird man nicht sehr kräftig und muskulös. Sein Vater aber arbeitet als Bandarbeiter, der hat Muskeln wie ein Preisboxer, wenn man sich mal den Bierbauch wegdenkt. Aber diese Arme könne genauso hart zuhauen, können den dürren, traurigen Dieter gegen die Wand schubsen So fest, daß dieser eine Platzwunde am Hinterkopf davonträgt.

Die Mutter sitzt stumm daneben, denn wenn sie sich einmischt und auch was sagt, dann kriegt sie womöglich auch noch was ab.

Und das will weder Dieter, noch seine Mutter.

Also sitzt er tagsüber in seinem Zimmer und knallt virtuelle Bösewichte am Computer ab, um dann am frühen Nachmittag aus dem Haus zu flüchten, bevor der Vater aus der Arbeit kommt. Wenn er dann spätabends zurückkehrt, schläft der Vater schon, entweder noch im Sessel, die Fernbedienung in der Hand vor laufendem Fernsehprogramm.

Oder schon im Schlafzimmer, wo er laut vor sich hin schnarcht.

Und so trifft man sich dann mehr oder weniger zufällig an der Ecke und landet dann im »Hirschen«, weiß nicht, wer Rösler ist, weiß nicht, wie die Zukunft ausschauen soll, aber nippt an einem Bier, von dem längst aller Schaum verschwunden ist und hat wenigstens seine Ruhe.

Nicht ganz, denn ab und zu kommt dieser nervige Kerl daher, dieser Till, den alle aber nur »Mark« nennen. Weil er sich früher immer über den Penner am Bahnhof aufgeregt und diesen ständig nachgemacht hat.

»Haste mal 'ne Mark, haste man 'ne Mark? Ständig nur ›Haste mal 'ne Mark?‹ Kann der nicht mal 'ne andere Platte auflegen statt ständig mit seinem ›Haste mal 'ne Mark?‹«

»Du solltest mal 'ne andere Platte auflegen, jeden Tag das gleiche.«

»Geht euch der nicht auf die Nerven mit seinem ewigen ›Haste mal 'ne Mark?‹«

»Du gehst uns auch auf die Nerven, hör doch mal auf damit.«

»Aber der steht jeden Tag am Bahnhof, und immer, wenn ich komme, dann fragt der: ›Haste ...‹«

»Du bist auch ›Mark‹. Jetzt trink dein Bier und laß uns in Ruhe.«

Ab diesem Augenblick begann man, ihn »Mark« zu nennen.

Der Penner lebt schon lange nicht mehr. Nicht mal mehr die Mark gibt es. Aber der Spitzname blieb ihm.

Dieser Mark also kommt nach getaner Arbeit in sein Stammlokal, um den ganzen Ärger, den er auf der Baustelle hat, und natürlich auch den Staub, mit einem gepflegten Pils hinunter zu spülen. Er setzt sich also an die Bar und nickt Robert, dem Wirt nur kurz zu. Der kennt natürlich seine Stammkunden. Und greift sich ein Pilsglas, füllt es und stellte es dem Neuankömmling hin.

Wer sich daran stört, daß hier das Pils nicht sieben Minuten auf sich warten läßt, der hat hier ohnehin nichts verloren.

Mark hat Durst und ist jeden Tag wieder froh, nicht lange auf den Gerstensaft warten zu müssen. Er nimmt einen kräftigen Schluck und wischt sich den Schaum von den Lippen. Dann schaut er sich in der Kneipe um.

Viel zu sehen gibt es da nicht. Die Einrichtung hat sich seit Jahren nicht geändert, warum auch. Die, die sich hierher verirren, kennen es nicht anders. Und Fremde sucht man hier vergebens. Also bleibt Mark nichts übrig, als den beiden Jünglingen beim Billard spielen zuzuschauen. Und, wie es der Teufel oder wer auch immer so will: Gerade in diesem Augenblick mißlingt dem Doc ein Stoß und die weiße Kugel springt über die Bande und landet krachend auf dem Boden, wo sie unter einen Tisch kullert.

Und Mark fällt nichts Besseres ein als zu sagen: »Achtung, Verletzungsgefahr, die beiden Chaoten sind wieder unterwegs.« Das sagt er gar nicht mal so laut, eigentlich sollte das nur Robert, der Wirt, hören. Aber wenn man gerade Billard spielt in einer Gastwirtschaft und sich ohnehin ständig beobachtet fühlt und sich deshalb besonders anstrengt, daß man einen Stoß ordentlich ausführt und der Stoß gerade deshalb mißglückt, und gerade in dem Augenblick der Neuankömmling an der Bar etwas sagt und dabei lacht, dann will man schon wissen, was daran so lustig ist.

»H-h-hast d-d-du w-w-was g-g-gesagt?«, will also der Doc wissen, während er auf den Tisch zugeht, unter den die Kugel gerollt ist.

»Ich? Nein, wieso?«

»Mir w-w-war so, als w-w-wäre d-d-da w-w-was ung-g-glaublich l-l-lustig«, meint der Doc, während er auf allen Vieren unter den Tisch krabbelt.

»Ich dachte, ich hätte das Wort ›Chaoten‹ gehört«, wirft da der Charly ein, denn das Stottern seines Freundes ist nicht gerade geeignet, das spöttische Grinsen von Marks Gesicht zu vertreiben.

»Chaoten?«, fragt dieser. »Nein, wenn ich über euch geredet hätte, ich hätte euch wohl anders genannt.«

»W-w-wie d-d-denn?«, will der Doc jetzt wissen.

Und Mark, den Bier durchaus mutig und streitlustig macht (wobei dies nicht sein erstes Bier am heutigen Tage ist), antwortet: »Na, auf euch paßt wohl besser ›Nichtstuer‹«.

Das trifft auf die beiden, wenn man mal von der Tätigkeit des Billard-Spielens absieht, mehr oder weniger zu. Das will man aber als Halbwüchsiger, der keine Arbeit hat, nicht unbedingt hören. Jedenfalls nicht in der Öffentlichkeit.

»Nichtstuer? Was weißt du denn schon?«

Auf diese – wohl rein rhetorische – Frage gibt es viele Antworten. Aber Mark entscheidet sich dafür, einfach zu erwidern: »Genug. Ihr hängt doch den ganzen Tag nur rum.«

»Und, was sollen wir deiner Meinung nach tun, he?«

»Na, wie wär's mit arbeiten? Schon mal gehört? Hat noch keinem geschadet.«

»Erst m-m-mal f-f-finden, d-d-du r-r-redest d-d-dich l-l-leicht.«

»Und du redest dich schwer.«

Über Unzulänglichkeiten seiner Zeitgenossen Witze zu machen, das kann nun wiederum der Wirt gar nicht leiden und sagt deshalb: »Na, das war aber gar nicht nett.«

»Wieso, stimmt's etwa nicht? Die schieben den ganze Tag 'ne ruhige Kugel«, wobei er auf den Billardtisch deutet. »Aber sind sich zu fein dazu zu arbeiten.«

»Können vor Lachen«, verteidigt sich jetzt lautstark Charly. »Finde du mal heutzutage Arbeit ohne Quali.«

»Und warum hast du keinen Quali? Selbst wenn, den kann man nachmachen. Aber das wäre ja anstrengend. Und Anstrengung ist halt nicht jedermanns Sache.«

Wer nun aber gedacht hätte, derartige Vorwürfe würden jetzt dazu führen, daß beide mit erhobenen Billardqueues auf den Pilstrinker zustürmen würden, der sieht sich getäuscht. Solche Vorwürfe bekommen die beiden jeden Tag von allen Seiten zu hören. Da sind sie es gewohnt, auf Durchzug zu schalten.

Also wenden sie sich wieder dem Spiel zu.

Wer aber, wie jetzt Mark trotz Provokation keine Reaktion erhält, der neigt dazu, schnell ein wenig übermütig zu werden. Also setzt er noch eins oben drauf und verkündet lauthals: »Jetzt will ich auch mal Billard spielen.« Obwohl er, wie jeder weiß, niemals Billard spielt, mit wem auch: Der Wirt spielt nie und die beiden hätten den Teufel getan und mit diesem Widerling gespielt. Sie hören die Ankündigung nicht gerade mit Freude.

Denn Mark würde für das Spiel bezahlen. Dem Wirt aber sind zahlende Billardspieler natürlich lieber als nichtzahlende. Das bedeutet, daß es sich für heute ausgespielt hätte. Ihr Bier hatten sie auch schon fast, bis auf einen winzigen Schluck, ausgetrunken, was bedeutet, daß der Abend hier für sie heute schon zu Ende wäre.

Das Spiel sollte er noch bezahlen.

Obwohl er eigentlich gar keine Lust hat, mit sich selbst zu spielen, zieht Mark mit großer Geste einen Schein aus seiner Brieftasche und knallt ihn dem Wirt auf den Tresen. Es ist gar nicht nötig, den Geldschein so geräuschvoll zu übergeben, aber Mark ist gerade nach Theatralik. Er hat wohl auch ein wenig Ärger gehabt mit seinem Polier. Und die meisten Menschen brauchen jemanden, an dem sie ihren Ärger ablassen können. Meist trifft das dann jemanden, der vermeintlich mindestens eine Stufe unter einem steht. Wer niemanden unter sich hat, der kauft sich wenigstens einen Hund, der sich seinem Willen beugt. Mark jedenfalls denkt nicht daran, die Wut in seinem Bauch zu belassen, sondern will sie schleunigst loswerden.

Und da kommen Mark die beiden Arbeitslosen Charly und Doc gerade recht.

Das hätte er besser nicht getan.

Denn weder Charly, noch der Doc, die beide in der Nahrungskette ganz unten stehen, haben ein Haustier, an dem sie ihre Wut auslassen könnten.

Sie haben nur sich.

Eusebio

von Robert Trautmannsberger

Gelangweilt stelle ich den Würfel zurück auf den Tisch. Seine bunt gefleckten Seiten scheinen mich zu verhöhnen. Das wird nichts mehr in diesem Leben, denke ich resigniert und wende meine Aufmerksamkeit der Wand zu. Die Wand, makellose weiße Oberfläche, eine kleine Schramme, wo ich mit dem Tablett angestoßen bin. Grüne Streifen laufen an ihr entlang und enden an der Tür. Die Wand, die Wand. Langweilig. Ich stehe auf und gehe hinaus auf den Gang. Den Flur hinunter, an der Wand entlang, die Wand, mit dem grünen Strich. Bis zur nächsten Tür und wieder zurück, die Wand entlang, den grünen Strich entlang. Das ist zu viel, ich brauche Ruhe, muss mich konzentrieren, gegen das dröhnende Pochen hinter meiner Schläfe ankommen. Also gehe ich zurück ins Zimmer mit dem Tisch und dem Würfel. Dem verdammten Würfel. Er grinst mich an, dieser Mistkerl.

Familiennachmittag, sonntags, alle dabei, die ganze Bande. Oma Gretchen, Onkel Otto und sogar Vetter Ulf sind zusammengekommen, um mir den letzten Nerv zu rauben. Und ich mittendrin, mitsamt Kind und Kegel. Naja, so rund ist sie nun auch wieder nicht, hast du was gesagt meint sie und ich lächle sie an. Natürlich nicht Schatz, gebe ihr einen flüchtigen Kuss und muss schnell noch was ins Auto packen. Egal was, bloß weg. Draußen am Wagen öffne ich den Kofferraum, fummle drin herum, dann wird mir das zu blöd und ich setz mich einfach hinein, in den Kofferraum. Damit mich keiner sieht, mache ich die Klappe zu, von innen. Irgendwie komme ich mir dabei blöd vor, aber besser hier drin als dort drin bei den ganzen ekelhafte... Es klopft an der Scheibe. Vor Schreck vergesse ich meine misanthropischen Gedankengänge und zucke zusammen. Da steht ein älterer Herr neben dem Wagen und grinst mich breit an. Ein weiß gelockter Rauschebart und eine Pilotensonnenbrille in einem ledrig braunen Gesicht.

Ganz auf mich selbst zurückgeworfen sitze ich da. Den Walkman in der Hand, Kopfhörer, ja wo schon, und bin in Gedanken versunken. Das Band läuft und träufelt CCR in meine Gehörgänge, direkt auf meine Nervenbahnen, die brennen vor Ekstase. I see a bad moon rising und tatsächlich geht hinter dem Dachfenster, draußen in der Welt, gerade der Vollmond auf. Sein weißer Kreis grinst mich an. Warum weiß ich nicht.

Was machen sie denn da drin, will er wissen. Mir fällt nichts ein. Was soll ich dem Fremden sagen? Dass ich gern in meinem Kofferraum sitze. Was soll er denken? Kann jemand, der tagsüber in einem Kofferraum sitzt überhaupt für ernst genommen werden? Oder auch nachtsüber, die Tageszeit sollte dabei eigentlich keine Rolle spielen. Como estan, plärre ich ihn an und denke mir im selben

Moment, er wird mich so wohl nicht für vernünftiger halten. Da lächelt er zurück und meint nur, sein Name sei Gantenbein.

Ich fühle mich blind. Ich fühle mich blind und leer, dabei bin ich so voll wie noch nie. Alles möchte heraus, hinaus in eine Welt. Aber da ist keine. Da ist nichts, viel davon, aber auch das bleibt letztlich nichts. Blind, weil nichts mehr hinein passt, aber es ist auch gar nichts da, das hinein wollen würde, in mich und meine Gedanken, in meine Welt. Da ist nichts, und doch fühle ich mich voll, voll und blind.

Der schlechte Mond steigt weiter das Dachfenster hinauf. Immer weiter träufelt, rauscht, die Musik durch meinen Kopf, in mich hinein. Mehr und immer mehr, ich brauche mehr davon. Ich kann es noch brauchen, ich hab noch nicht so viel. Noch nicht genug. I feel the end is coming soon. Aber ich verstehe die tiefere Bedeutung nicht, das sollte sich aber bald ändern. Kein Problem, das nicht irgendwann auf sich aufmerksam machen würde.

Der Würfel, der Gang, die Wand mit dem grünen Streifen. In meinem Kopf dreht sich alles und ich platze gleich. Ich kann nicht mehr, es war lang genug. Zu lange, zu wenig, zu viel. Ich lasse mich auf den Stuhl fallen, bin erschöpft. Versuche an nichts zu denken und denke dabei daran an nichts zu denken und denke dabei. Mein Schädel dröhnt und pocht. Mein Atem geht stoßweise und mein Herz, mein Puls rast. Nicht mehr lange, es kann nicht mehr lange dauern, es darf nicht mehr lange dauern.

Wir sitzen in einem Eiscafe in der Innenstadt und löffeln jeder seinen Eisbecher. Gantenbein grinst mich die ganze Zeit verschmitzt an und ich wundere mich über seinen ungebrochenen Optimismus. Er war bestimmt älter als ich, wie hatte er ihn so lange bewahren können, frage ich mich und löffle mein Eis. Dann frage ich ihn danach, nach seinem Geheimnis und er erzählt mir seine Geschichte.

Es war einmal ein kleiner Bauer, Eusebio, nannten ihn seine Nachbarn, Eusebio, nannte ihn seine Familie und Dreckschwein nannten ihn die Soldaten, die kamen, seine Nachbarn töteten, seine Familie töteten und ihn in den Dreck traten. Aber der Bauer tat ihnen nicht den Gefallen zu verrecken, wie sie ihn gebeten hatten, stattdessen überlebte er. Im Blut all der Leute, die er je gekannt und geliebt hatte, kroch er Zentimeter für Zentimeter vorwärts. Er wollte, konnte nicht aufgeben.

Ich unterbreche ihn, merke an, wie unglaublich die Sache klinge. Er grinst nur, löffelt sein Eis, erzählt seine Geschichte.

Eusebio, der jetzt Gantenbein heißt, schaffte es nach mehreren Tagen schließlich eine alte Missionsstation zu erreichen. Dort lebte ein alter Priester. Der Mann hatte quasi sein ganzes Leben lang auf diesen Moment gewartet, als der hilfsbedürftige, denn hilfsbedürftig sah er schon aus, als also der Bauer an seiner Tür anlangte. Die Einwohner der Gegend hatten nie viel für seinen Glauben übrig gehabt und daher war der alte Mann ohnehin sehr einsam und hatte es oft mit der Langeweile zu tun. Darum hatte er angefangen aus dem Wachs seiner abgebrannten Kerzen Skulpturen zu fertigen.

Moment, werfe ich ein. Was das denn mit seiner, also Gantenbeins Geschichte zu tun habe. Außerdem merke ich an, ein eremitischer Missionar, der aus geschmolzenem Wachs Skulpturen fertige, sei schon eine sehr abstruse Angelegenheit, wenn er mich frage. Das tat er aber nicht, grinste nur, löffelte und tischte mir seine Geschichte auf.

Eines Abends, bei einer Partie Schach, habe er mit dem Priester über das Leben gesprochen.

Das wolle ich nun wirklich nicht hören, außerdem hätte ich das Buch gelesen. Das kümmert ihn natürlich nicht und er erzählt trotzdem.

Der Priester war ein weiser und belesener alter Mann. Tatsächlich hatte er jedes seiner Bücher mindestens drei Mal gelesen. Eusebio blickte mit einem anerkennenden Nicken zu dem Bücherbrett hinüber, das an die Wand gelehnt da stand. Es war schon vor langem von derselben herunter gefallen und die beiden Bücher des Missionars lagen seitdem unter seinem Bett. Ein anderes stützte den

Tisch, an dem sie mit ihren Karten saßen. Sie spielten eine Partie Skat.

In dem Moment stehe ich auf und gehe weg. So einen Mist will ich mir nicht weiter anhören. Ganz offensichtlich hält er mich entweder zum Narren oder aber er selbst ist einer. Von Skat verstehe ich gerade noch so viel, dass ich, Moment. Ich drehe auf dem Absatz und will ihn fragen, warum er zuerst von Schach und dann von Skat erzählt habe, aber er löffelt nicht mehr. Er ist weg. Wer bist du, Gantenbein?

Mit dem Walkman im Schoß sitze ich da, Musik in den Ohren, Gedanken in meinem Gehirn. Aber noch nicht viele davon, die meisten einfach, unkompliziert, frei. Der Mond kümmert sich nicht darum. Er sieht mich an, aber er sieht jeden an, sieht jeden an und weiß doch nichts von ihnen, von mir. Aber daran denke ich nicht, nicht damals mit dem Walkman. Damals wollte ich hinaus, wollte die Welt sehen, wollte an fremde Orte und Abenteuer erleben. Jetzt will ich nur noch hinein, nichts mitbekommen, von der Welt, von irgendwelchen Abenteuern. Aber wo ist Gantenbein, das will ich wissen.
Zusammenbruch, die Erste. Nicht das erste Mal, nicht das letzte Mal, aber langsam gefährlich oft. Es steigert sich, die Luft ist dünn, mein Schädel voll. Voll Mist und Unsinn. Nichts ist wichtig, nichts ist mehr überhaupt irgendetwas. Den Gang hinunter, herauf, dem grünen Strich nach. Plötz-

lich begreife ich und bleibe stehen. Hinauf und hinab, aber nie mehr im Kreis herum. Es trifft mich wie ein Schlag. Da bin ich mit meinem Würfel, allein, und kann nur hin und her, nie mehr aber herum. Und ich denke an Eusebio Gantenbein.

Unfassbarer Tumult, sie schreit und schreit und keift und hört gar nicht mehr auf damit. Meine Güte, natürlich war ich ein paar Stunden weg gewesen, aber ich war doch nur Eis essen, ich habe sie doch nicht betrogen. Nicht dieses Mal. Die Verwandten sind schon alle weg, warum sie nicht, will ich wissen. Die Frage war wohl nicht richtig. Drei Wochen später wohne ich immer noch im Hotel, starre an die Wand, starre auf den Würfel, starre aus dem Fenster. Starre in einen Bildschirm, bis der Bildschirm in mich hineinstarrt. Das war Nietzsche, nein das war der Bürorechner, der hat in mich hinein gestarrt, nicht Nitzsche. Mein Kollege verdreht die Augen, geht aus dem Zimmer. Natürlich war das Nietzsche, aber ich mag den Kerl nicht und bin froh, dass er weg ist. Mein Kollege, nicht der Philosoph. Ich sitze auf dem Bett, spät nachts, mit einem Walkman. So wie früher in meinem Bett, mit meinem Walkman. Das Bett hier ist nicht meins. Genauso wenig wie der Kassettenspieler. Beides habe ich im Moment, aber beides ist wertlos für mich. Nur die Erinnerung. Die Erinnerung, die der Walkman bringt, die ist echt, die ist gut.

Wieder »Bad moon Rising«. Ich denke langsam, meine Erinnerung hat einen Hänger wie eine zerkratzte Schallplatte. Immer wieder derselbe Song, immer wieder dieselbe Leier. Der Mond am Fenster, auf der anderen Seite. Die Musik in den Ohren, die Leere im Kopf. Alles verschwimmt, bis es nicht mehr weiter kann und zerbricht. Der Traum bekommt Risse, die Erinnerung Fugen, alles schert gegeneinander und macht eine langsam abgleitende Drehbewegung, bis alles splittert und zerbricht. Das Fenster zerbirst, der Mond stürzt herab, die Kassette leiert, leiert, leiert. Stirbt.

Eusebio sitzt am Tisch und spielt mit dem Missionar Karten. Hin und wieder grinst er den alten Mann aus seinem Ledergesicht mit dem weißen Rauschebart an. Der Alte grinst aus seinem, Alte-Herren-Gesicht mit den vielen Falten und ganz ohne Zähne zurück. Die Beiden wohnen jetzt schon ein paar Jahre gemeinsam in diesem Haus. Zwar ist der Großteil der Missionsstation längst verfallen und nicht mehr wetterfest, aber dieser Bau hier ist gut in Schuss. Manchmal muss Eusebio, der später Gantenbein heißen wird, das Dach ausbessern oder die Fenster abdichten, aber das Haus steht ansonsten recht gut da. Auch Eusebio ist blind. Blind auf dem Auge des Herzens, das zurückblickt auf schönere Tage. Darum ist er immer glücklich und grinst so unverhohlen mit seinem weißen Rauschebart, der in dieser Erinnerung freilich noch nicht weiß ist.

Ich sitze im Hotelzimmer und weine. Seit Stunden, scheint mir, läuft mir das Wasser aus dem Gesicht. Ich habe keinen Sinn dafür, habe auch als Kind nie oft geweint oder lang. Konnte nie verstehen, warum die Mutter weint und der Vater nicht. Habe freilich selbst auch Schmerz empfunden, nicht zu wenig. Aber weinen? Wozu, dachte ich, aber jetzt weiß ich es. Das Telefon, es klingelt. Ich sehe nicht auf das Display. Ich weiß, es ist die Schreckschraube, seltsames Wort. Seit Tagen hängt sie mir in den Ohren. Zurückkommen soll ich, aber ich habe kein Interesse, keine Lust. Tränen fließen mir aufs nasse Hemd. Der Traum von der Einsamkeit. Er ist zerbrochen.

Jetzt liege ich auf dem Boden. Der Tisch mit dem Würfel sieht von unten ganz merkwürdig aus. Den Würfel kann ich natürlich nicht sehen, aber ich weiß, er ist da. Wenn er mich sehen könnte, er würde mich nur angrinsen. Das kann ich nicht mehr ertragen. Zurückgeworfen auf mich selbst liege ich da, spüre das leichte Vibrieren, kann es hören, wenn ich den Kopf zur Seite drehe. Aber ich will nicht, nicht hören, nicht fühlen, nicht sehen. Ich denke an Gantenbein. Ich denke an seine Geschichte. Wenigstens hat das Dröhnen nachgelassen. Hier unten, am Boden, ist alles viel leichter, gelöster. Hier unten war ich noch nie. In all den Jahren.

In all den Jahren hatte Eusebio nie den Namen des Priesters erfahren. Er hatte nicht danach gefragt und darum wusste er jetzt nicht, was er auf das Kreuz schreiben sollte. Ihm war ein wenig unwohl zumute, jetzt wo er niemanden mehr angrinsen konnte. Er überlegte, ob es Sinn machte noch länger hier zu bleiben, oder ob er nicht vielleicht irgendwo anders hingehen sollte, wo es Leute gab. Zum angrinsen. Aber auch zum Kartenspielen. Vielleicht könnte er auch irgendwo ein Eis essen. Da hatte er eine Idee und schrieb sie gleich auf das Kreuz. Dann steckte er es in die frische Erde und ging ohne sich noch einmal umzudrehen. Auf dem Grab stand jetzt Eusebio. Das ist der Vorteil eines allwissenden Erzählers.

Das Hotel habe ich hinter mir gelassen, meine Familie auch. Ich kann ohne Kind und, ach das hatten wir doch schon. Die Alte bin ich auch los. Jetzt sitze ich hier auf einem Berg und sehe in der Ferne auf dem Grat eine Gestalt näherkommen. Langsam wird sie immer größer und ich weiß nicht, ob ich lachen soll. Womöglich handelt es sich um einen deutschen Spion. Ich kann mir das Lachen nicht verkneifen und pruste los. Mein Bauch tut schon weh, als der Fremde bei mir ankommt. Vor Tränen kann ich nicht viel erkennen und es fällt mir schwer mein Lachen zu kontrollieren. Ein Spion, schießt es mir wieder durch den Kopf und ich pruste erneut los. Hallo sagt er da und ich erstarre vor Schreck. Hastig wische ich mir die Augen, er ist es tatsächlich. Das Ledergesicht grinst mich an. Der Bart ist weiß, der Missionar lange begraben.

Auf seinem Weg in die nächste Stadt kam der Fremde in einen kleinen Ort mit einem ebenso kleinen Namen. Dort stand er gerade am Bahnhof und wartete auf einen Zug, der ihn weit fort von hier bringen sollte. Da hörte er zwei Männer miteinander reden, über gute alte Zeiten, gemeinsame Stunden bei Wein und mit Frauen. Über gemeinsam vergossenes Blut. Da erinnerte sich der wartende Mann mit dem Rauschebart, vor langer Zeit war er jemand anderes gewesen. Jemand mit Menschen um sich, jemand mit Familie und jemand mit einem Herz an der Stelle, wo jetzt ein harter Würfel saß. Er grinste die Männer an, die da am Bahnsteig standen und er spürte etwas in sich, das er vergessen hatte. Etwas Warmes, etwas Heißes, es war Zorn. Einer der Männer blickte zu ihm hinüber und zweifelte an seinem Anblick. Der Funke der Erkenntnis flackerte kurz in den Augen des Anderen. Der Zug, auf den er gewartet hatte, kam, doch er stieg nicht ein. Er hatte hier noch etwas zu erledigen. Sein Blick und der des Anderen blieben aneinander haften. Wer bist du Fremder, darauf hatte er gewartet. Mein Name sei Gantenbein, du hast meine Familie getötet und dafür wirst du jetzt sterben. So ist das mit den Erinnerungen anderer Leute. Irgendwann vermischen sie sich mit anderen Erinnerungen und schon endet eine ergreifende Geschichte über den Sinn des Lebens in einem Italo-Western. Eusebio hätte das nicht so gemacht, wie auch. Aber das Bild des Mannes mit dem weiß gelockten Rauschebart und der Pilotensonnenbrille ist so blass in meiner Erinnerung, dass nur mehr sein Grinsen bleibt. Das Grinsen, das jetzt der Würfel trägt. Das Grinsen einer undurchschaubaren Meduse.

Aber es ist nicht das Ende meiner Geschichte und es ist auch nicht das Ende von Gantenbeins Geschichte. Es ist wahr, dass er danach das Land verließ und nie mehr dorthin zurückkehrte. Zumindest nicht, bis wir uns auf dem Berg trafen, wo er mir von dem kleinen Bahnhof in dem unbekannten Ort erzählte. Aber was darüber hinaus wahr oder unwahr war, das weiß ich nicht mehr so recht. Ich sitze wieder an dem Tisch, der Würfel liegt vor mir, darauf. Meine Reise ist fast beendet, ich kann es spüren. Heute Nacht habe ich wieder die Musik gehört, den Walkman in meiner Hand. Ich trommle mit den Fingern den Rhythmus auf dem Buchdeckel. Max Frisch steht darauf. Ich höre die Tür. Ein Schlüssel dreht sich darin herum. Schritte auf dem Gang mit dem grünen Streifen an der Wand. Der Mann mit dem weißen Kittel und dem Rauschebart kommt herein und grinst mich an. Na wie geht es ihnen denn heute, möchte er wissen. Ganz gut, entgegne ich. Dann will er meinen Namen wissen und ich denke nur, Gantenbein.

Soziales Engagement

von Johannes Schweigardt

Fahl blickt ein trübsinniger Mond über die Ebene. Dicht an dicht stehen Regenwaldbäume, die jedes Panorama verdecken. Dennoch gebe ich mich für einen kurzen Moment der Illusion hin, einfach nur konzentriert in die Ferne starren zu müssen, um die Weite des Landes in mich aufnehmen zu können. Das funktioniert natürlich nicht. Vor mir sitzt ein alter, zahnloser Mann. Sein ausgestreckter Arm hält einen Becher, aus dem ein Strohhalm ragt. Für einen Moment stocke ich. Was will er von mir? Ach ja, richtig: Ich soll trinken. Sonst würde ich ihn als Gastgeber beleidigen. Langsam führe ich den Becher zu meinem Mund, schmecke das bittere Gebräu, das mir die Kehle hinabrinnt. Matetee. Wie kann man das nur trinken? Schon das Bouquet bringt mich fast um den Verstand, und der trockene Abgang strapaziert meine Geschmacksnerven. Alleine die Vorstellung, dass nur einen Moment zuvor der zahnlose Alte den Becher an seinen Mund geführt hat, lässt mich erschaudern. Aber was soll's! Ich bin ja schließlich nicht zum Spaß hierher gekommen. Wobei das eine gute Frage ist! Was will ich eigentlich hier? Hier, das ist mitten in einem Indianerreservat. Es ist jetzt knapp halb ein Uhr nachts. Zusammen mit einem christlichen Missionar bin ich die Strecke hierher gefahren. Wir mussten einen weiten Weg zurücklegen, mitten durch den Urwald. Gestartet waren wir in einer kleinen Stadt. Es mussten noch Besorgungen erledigt werden, dann ging es los. Immer die Landstraße entlang. Dann wurde es dunkel. Links die roten, in der Mitte die orangen und am rechten Rand die weißen Punkte waren die einzigen Bezugsgrößen. Stunde um Stunde verging, doch die reflektierenden Katzenaugen auf der Fahrbahn blieben uns treu. Ab und an überholte uns ein LKW. Die Fahrer hatten es wohl sehr eilig. Gruslig, wenn bei Tempo 110 im Rückspiegel ein überdimensionaler Kühlergrill auftauchte, der sich trotz nahendem Gegenverkehr anschickte, zu überholen. Irgendwie hatten wir es aber geschafft, unbeschadet an dem Feldweg anzukommen, der mitten in den Wald hineinführte. Nun gab es weder Katzenaugen noch LKW. Noch Menschen. Schweigend saßen wir im Auto, jeder war mit seiner Aufgabe vertraut. Wir passierten einige moosüberwucherte Schilder. Da ich kein Portugiesisch verstand, fragte ich den Fahrer, was es damit auf sich hatte. »Nicht so wichtig«, war die Antwort darauf. Irgendwann sahen wir dann die Lichtung und die Hütten. Elektrischen Strom gab es nicht. Nur eine einzelne Kerze, die still vor sich hinrußte. Und dann die Begrüßungszeremonie. Bei der ich wiederum still dasitzen musste, weil ich ja kein Guaraní verstand. Zur Sprachlosigkeit verdammt – das passte gut. So fühlte ich mich, auch in Deutschland, als die Leute formell noch meine Sprache sprachen. Trotzdem fühlte ich mich einsam, wollte dem Trott entkommen. Die Arbeit als Sachbearbeiter in einer mittelständischen Firma füllte mich einfach nicht mehr aus. Tagein, tagaus kamen Rechnungen auf meinen Schreibtisch. Anfragen von Kunden. Ich konnte gar nicht verstehen, warum diese stets in einem fordernden Duktus abgefasst waren. Doch nahm ich sie irgendwann gar nicht mehr wahr. Was sollte es schon, dass ein Herr Meyer sich lauthals beschwerte, dass er schon vor zehn Jahren seine Kündigung eingereicht hatte und nun erbost feststellte, dass sein Vertrag immer noch lief? Und der Lieferant mal wieder 500 Einheiten berechnet hatte, aber laut Lager nur 400 geliefert wurden? Halbherzig suchte ich, die Anfragen möglichst unverbindlich, aber korrekt, zu bearbeiten und danach meinen Trott weiterzuführen. Eines Tages hatte ich mich am Frankfurter Flughafen wiedergefunden. In meiner Heimatgemeinde war das Ersuchen eines christlichen Missionars eingetroffen, der in Brasilien unter den Indianern arbeitete. Er suchte junge, kräftige Männer, die ihm bei einer Rundreise durch sein Missionsgebiet behilflich sein konnten. Bedenkenlos hatte ich zugesagt. Genauso, wie ich eine Anfrage bearbeitete. Status quo festgestellt, Lösungsweg umrissen und gehandelt. Stand am Flughafen. Bestieg die Maschine, einen nagelneuen Airbus, der mich außer Landes bringen sollte. Während die Kollegen eifrig schufteten, verließ ich den Kontinent. Aus elftausend Metern Höhe sah alles ganz anders aus. Bestellte mein Mittagessen – Hähnchen mit Knoblauch – und versuchte, mit dem ordnungsgemäß unbrauchbar gemachten Flugzeugbesteck die Nahrung in handliche Teile zu zergliedern. Schluckte, aß auf. Dann, in São Paulo angekommen, erschlug mich die Hitzewelle, die durch die Glastüren des Terminals kam. Dann der Weiterflug nach Curitiba, einer grünen Musterstadt. Saß auf dem Zimmer. Dann die Überraschung beim Toilettenbesuch: Das benutzte Papier musste in einem Eimer entsorgt werden, da das Rohrsystem nicht mit der zusätzlichen Belastung fertig wurde. Na, das sollte dann mal der Nachmieter meines Zimmers klären, fand ich. Hätte man mir ja mal vorher sagen können. Ich bestieg einen weißen Kleinbus, der mich fort aus der Stadt brachte. Die Landstraße entlang. Von Ort zu Ort. Ein atomisiertes Subjekt. Natürlich nahm ich an den Unterhaltungen an Bord teil. Natürlich beteiligte ich mich, wenn Kuscheltiere oder Kalender ausgeladen werden mussten, um in einem Indianerdorf verschenkt zu werden. Natürlich beteiligte ich mich an der Lagebesprechung abends im Hotel. Und natürlich äußerte ich meine Meinung. Kurz und schmerzlos. So fiel ich nicht weiter auf. Die Reise nahm ihren Weg. Weiter und weiter die Straße entlang, irgendwie. Copacabana? Caipirinha? Nicht mit mir! Mit chlortriefendem Wasser den Staub der Reise vom Körper gespült. Und jetzt sitze ich hier also in diesem Indianerdorf. Nachts um halb eins. Trinke Matetee und rauche aus einer Pfeife Substanzen, die sicherlich in Deutschland nicht so ganz erlaubt wären. Egal. Schließlich bin ich ein höflicher Gast. Das Gespräch zwischen den Missionaren und dem Häuptling geht noch eine Weile so weiter. Ich rauche, trinke. Irgendwann dann der Aufbruch. Auf der Heimfahrt dann geht uns das Ethanol aus. Halb zwei. Wir stehen an der Zapfsäule einer Tankstelle, natürlich geschlossen. Unser Fahrer organisiert einen Reservekanister, den er einem vorbeifahrenden Fiat-Fahrer abgekauft hat. Weiter geht's. Am nächsten Tag Pause am Rasthof. Das Porzellanbecken der Toilette – herausgerissen. Im Eis, das ich genüsslich schlecke, entdecke ich nach kurzer Zeit Sporen eines Pilzes. Versonnen blicke ich sie an. Damit hätte ich nicht gerechnet. Ist ja schließlich tiefgefroren. War es aber wohl nicht immer. Greife in die Tüte Nüsse. Darin bewegt sich etwas. Werfe sie weg. Dann eben so weiter. Santa Maria. Viele Einwohner, aber mitten auf dem Land. Ich sitze im scheußlichen Badezimmer – dunkellila auf türkis die Fliesen – in der Badewanne und blicke auf die Kulisse der Stadt. Ich resümiere die Reise. Was habe ich eigentlich Sinnvolles getan? Ein paar Kuscheltiere gereicht. Statt Fremder in vertrauter Umgebung bin ich nun Fremder in der Fremde. Das ist doch schon etwas, sagt der Sozialpädagoge in mir. Wunderbar. Und darauf bauen wir jetzt auf. Mit einer Handbewegung scheuche ich ihn weg, ertränke ihn in den Fluten. Sitze noch ein wenig apathisch im Wasser. Dann geht es auch schon weiter. Porto Alegre: Rückgabe des Mietfahrzeugs, Einstieg in die Maschine zurück nach São Paulo. Dort umsteigen. Nächtlicher Vorbeiflug an Rio. Und nun? Zurück in die Heimat, Business as usual. Über den Alpen schließlich das Frühstück. Dann im Sinkflug in Richtung Frankfurt. Als die Maschine eine weite Rechtskurve fliegt, schließe ich die Augen. Morgen sitze ich wieder am Schreibtisch. Dort ist mein Platz.

Die beiden Gefährten

von Linus Ubl

Vor nicht allzu langer Zeit trafen sich zwei alte Klassenkameraden nach 30 Jahren wieder am Ort ihrer gemeinsamen Schulzeit. Gemeinsam beschlossen sie nach der Besichtigung des Gebäudes ihrer Erziehung noch ein Bier in einer nahegelegenen Kneipe zu konsumieren. Und wie Alkohol immer die Zungen lockert, konnten beide nun endlich dem anderen ihr Herzeleid klagen. So begann der Erste: »Ach Wolfgang, ich habe dich immer beneidet, gerade als du nach dem Abitur ins Ausland zum Studium gegangen bist. Du hattest den Mut, deine Heimat zu verlassen, deinen Traum zu verwirklichen und einfach – deinen Weg zu gehen. Ich wollte immer einen ähnlichen Weg wählen, aber ich bin aus dieser Stadt ja nie wirklich herausgekommen. Ich habe hier meine Ausbildung beendet, meine Frau kennengelernt, hier geheiratet, meine beiden Kinder wurden hier geboren und aller Wahrscheinlichkeit nach werde ich auch hier begraben werden. Ich hätte so gerne auch einmal etwas anderes kennengelernt und meinen Arbeitsplatz gewechselt, um einfach mal etwas Neues auszuprobieren, aber es ging einfach nie. Wie das halt mit Frau und Kindern so ist. Jetzt bin ich darauf angewiesen, meinen Jahresurlaub über wegzufahren, aber das ist einfach nicht das Gleiche, bei weitem nicht. Wie soll ich innerhalb einer Woche ein Land kennenlernen, wenn es darum geht, die Touristenattraktionen abzuklappern, mal eine sogenannte ›landestypische‹ Mahlzeit zu verspeisen, – nur um dann nach der Rückreise wieder in den Alltagstrott zurückzukehren. Nein, das war nie das, was ich wollte. Aber es ging halt einfach nicht anders. Natürlich hat das auch seine schönen Momente, seine Kinder aufwachsen zu sehen, sich um die eigenen Eltern zu kümmern, die immer mehr an Pflege bedürfen und an seinem Heimatort verwurzelt zu sein, aber ich habe immer das Gefühl, nur für andere da zu sein und niemals meine eigenen Sehnsüchte in den Vordergrund zu stellen. Was soll ich denn jetzt auch anders machen – ich habe halt meinen Gemüsegarten, meine Volkshochschulkurse und meinen Schafkopfstammtisch und damit werde ich mich wohl den Rest meines Lebens abfinden müssen. Und einer nach dem anderen wird in unserer Kartelrunde wegsterben und irgendwann ist man nun einfach selber dran, früher oder später. Und welch Ironie – ich weiß auch schon, wo mein Grab sein wird – das habe ich mir nämlich schon ausgesucht – und meine Frau wird nach ihrem Tod neben mir liegen und zusammen warten wir dann auf den Sanktnimmerleinstag. Aber wenn ich ehrlich bin, weiß ich auch nicht, was ich falsch gemacht habe, denn mir hat die Entscheidung immer richtig erschienen und ich würde eigentlich auch heute noch so wählen. Das war der Weg meiner Eltern und der erschien mir gut – ich kannte ja keinen anderen. Aber sollte ich jetzt sagen, dass meine Eltern die Schuld tragen und nicht ich? Ich weiß es nicht.«

Daraufhin erwiderte der andere: »Nein Herbert, du hast alles richtig gemacht und auf deine Eltern gehört. Klingt komisch, aber auch ich bin mit meinem Leben absolut nicht zufrieden, auch wenn ich immer noch so wählen würde. Es war eine großartige Entscheidung, direkt nach dem Abitur abzuhauen und die große weite Welt zu erkunden. Ich habe in so vielen Ländern gearbeitet, war an entscheidenden Projekten der Weltgeschichte beteiligt, aber was zählt denn? Ich habe keinen Ort, an dem ich mich zuhause fühle. Schau dir die Scherben meines Lebens an, ich habe zwei geschiedene Ehen und drei Kinder auf drei verschiedenen Kontinenten. Zwar konnte ich dank meines Berufes einiges an Vermögen anhäufen, aber soll ich mir jetzt irgendwo ein Haus kaufen, wo ich niemanden kenne und mich einfach nicht mit der Stätte identifizieren kann? Es gäbe natürlich Orte, an denen ich Freunde habe, sei es in Lateinamerika, Afrika oder Asien, aber mich zieht es nirgendwo hin, wenn du verstehst. Ich hätte gerne einen Anlaufpunkt, wo irgendjemand auf mich wartet und mich begrüßt, einen Rückzugsort, eine Person, die sich um einen sorgt. Aber ich habe auch nicht die Zeit, mir die Zeit zu nehmen, mein E-Mail-Postfach quillt jeden Morgen über, ich muss diverse Publikationen fertigstellen, Gutachten schreiben, von Meeting zu Meeting hetzen und kann froh sein, wenn ich alle zwei Tage mal eine Runde joggen kann. Was ist denn das für ein Leben? Nein, Herbert, ich beneide dich, du kannst am Abend mit deinen Kindern spielen, kannst am Wochenende ein Picknick im Grünen machen und bist nach deiner Arbeitszeit pünktlich um vier fertig. Natürlich wäre das auch nicht mein Weg – ich hasse dieses Stempeln (meine Stempelkarte kann doch nicht entscheiden, ob ich arbeite oder nicht?), weil ich mich mit meiner Arbeit identifizieren möchte und diese mit ganzem Herzblut ausfüllen möchte, aber es hat einfach diese verlockenden Anreize, in deren Genuss ich nie gelangen werde. Ich werde vermutlich innerhalb der nächsten 10 Jahre einem Herzinfarkt erliegen und dann an dem jeweiligen Ort, wo auch immer der dann sein mag, bestattet werden. Wir können ja um den Ort wetten und schauen um wieviel tausend Kilometer wir uns dann verschätzt haben, dann hätten wir wenigstens noch Spaß dabei.«

Während beide sich so gegenseitig ihr Leid klagten, hörten sie neben sich ein Räuspern. Dort stand die etwas mollige Wirtin mit zwei frischgezapften Bier, ihr Blick nun schon etwas Ärger ausstrahlend: »Hey ihr zwei, ich warte jetzt hier schon seit fünf Minuten darauf, dass ich euch euer nächstes Bier bringen kann. Und ich hab keinen Bock mehr, euer Gejammer anzuhören. Wenn ihr einfach nicht zufrieden seid und es nicht schafft, irgendetwas in eurem Leben zu ändern, dann seid ihr eben selbst schuld. Es bringt nichts, sich über die Vergangenheit und angeblich falsche Entscheidungen aufzuregen. Ihr lebt im Hier und Jetzt und das Einzige, an was ihr jetzt denken solltet, ist der

Ort, an dem ihr jetzt seid, in diesem Fall dieses verdammte Bier – übrigens unsere Spezialität des Hauses!«

Da sahen sich die beiden Gefährten an, nickten und brachen in ein befreiendes Gelächter aus, bevor sie sich gegenseitig zuprosteten und der Wirtin beim Verlassen ein großzügiges Trinkgeld hinterließen.

Ferne Lichter

von Miriam Lanz

<u>Südtirol, März 1924:</u>

»Christian, schau dir das an! Hat sich doch gelohnt, dass wir hierher gekommen sind, oder nicht?« Ein stämmiger junger Mann mit dunklem Haar, das ihm ins Gesicht hing, klopfte seinem Freund grinsend auf die Schulter.

Der blonde Jurastudent konnte nur nicken. Das gewaltige Bergpanorama vor seinen Augen versetzte ihn in beinahe ehrfurchtsvolles Staunen.

Bei ihrer Fahrt die schmale Bergstraße mit den vielen Schlaglöchern hinauf hing ein dichtes Nebelfeld über dem Tal. Doch je näher sie ihrem Ziel kamen, desto heller wurde es. Inzwischen hatte die Sonne die Wolken beinahe gänzlich vertrieben und ließ den Schnee, der hoch auf den Dächern der Hütten und über den weitläufigen Wiesen und Wäldern lag, glitzern.

Christian grub die Hände tief in seine Manteltaschen und sah sich zum wiederholten Mal um. Das kleine Bergdorf in Südtirol lag am Fuß mehrerer majestätisch anmutender Berge.

Der höchste erhob sich vor ihnen – der Ortler, der Grund für ihre lange Reise. Die schneeüberzogenen Hänge erstrahlten im Licht der intensiven Nachmittagssonne und verliehen dem Berg eine sonderbare Erhabenheit; er strahlte eine Art Magie aus, die sich jeder Beschreibung entzog, und so mächtig war, dass die beiden Studenten ihre Blicke nicht von der bläulichen Gletscherschicht an dessen Gipfel abwenden konnten.

Maximilian hatte von einem seiner Professoren an der Technologischen Universität in München, wo er im dritten Semester Maschinenbau studierte, erfahren, dass das kleine unscheinbare Bergdorf als exklusiver Ort galt, um seinen Mut und sein Können unter Beweis zu stellen und diesen gefährlichen Berg und besonders seine, in eingeweihten Kreisen berüchtigte, Nordwand zu bezwingen. In ihrer Herberge ›Zur Post‹ war sogar ein junger Mann aus London, der das gleiche Ziel wie sie verfolgte.

»Wir brechen gleich morgen auf! Es soll einen Weg vom Ortler hinüber in das Nachbarkaff geben. Da können wir übernachten. In zwei Tagen sind wir wieder hier und können die restliche Zeit genießen«, schlug Maximilian mit dem üblichen Elan in seiner Stimme vor, der eher für einen siebenjährigen Jungen angemessen gewesen wäre, für einen Maschinenbaustudenten allerdings ungebührlich war.

Christian nickte nur halbherzig. Er hatte sich vom Ortler abgewandt und betrachtete das kleine, eingeschneite Bergdorf mit ähnlich großer Faszination. Die Hütten und Scheunen standen vereinzelt auf unterschiedlichen Höhenlagen, teilweise in den gewaltigen Schatten der Berge getaucht. Die meisten schienen jeden Augenblick unter der gewaltigen Schneelast auf ihren Dächern einzubrechen. Grauer Rauch stieg aus den Kaminen. Einzig auf der einzelnen kleinen Straße, die den gesamten Ort durchzog, war der schmutzige Schnee festgetreten und von mehreren Fahrrillen zerfurcht, während die makellose, weiße Pracht auf den Wiesen und im Wald einer dicken weichen Decke glich.

Für einen jungen Mann aus der Großstadt, der nie etwas anderes kennen gelernt hatte als die großen Stadthäuser, die die ohnehin schon schmalen Straßen noch enger machten, die gewaltigen Fabrikschornsteine, deren tiefschwarzer Qualm den Himmel überzog, so als wollten sie die ganze Welt wissen lassen, dass sie die Stadt in ihrer Macht hatten, und den Lärm der vielen tausend Menschen und Straßenbahnen, der unter den dunklen Wolken zu einem undurchdringbaren, alles einhüllenden Vorhang verschmolz, erschien dieses kleine noch gänzlich unberührte Dorf wie eine andere Welt. Industrialisierung und Modernismus hatten es nicht geschafft, ihre langen Hände auch nach diesem friedlichen Ort auszustrecken, der eine seltsame aber durchaus wunderbare Ruhe ausstrahlte.

Die Luft war so rein und frisch, dass Christian glaubte, mit jedem Atemzug aus einem langen Schlaf zu erwachen, mit jedem Atemzug lebendiger zu werden.

Aus dem Wald vor ihnen preschte plötzlich ein Skifahrer. Christian sprang nach hinten und zog Maximilian mit sich.

Der Mann, dessen Gesicht von weißen, buschigen Augenbrauen und einem langen Bart beinahe gänzlich verborgen wurde, nickte den Studenten lächelnd zu.

Die beiden Münchner sahen ihm überrascht nach. Maximilian schüttelte amüsiert den Kopf.

»Hast du so was schon gesehen?«, fragte er, gab seinem Freund einen Stoß und begann schließlich durch den hohen, bisher unberührten Schnee zu waten.

»Kennen wohl noch nicht so viele Touristen. Aber ich finde das eher lustig. So freundlich wie hier sind nur die wenigsten Münchner.«

»Die ticken nicht ganz sauber, das sag ich dir. Aber wahrscheinlich fühlst du dich deshalb so wohl hier!« Max drehte sich für einen Augenblick frech grinsend um, bevor er weiterging.

Von einem ungewohnt kindhaften Elan gepackt, griff Christian nach einer Hand Schnee und rannte Max hinterher, um ihm dieselbe in den Kragen seines Mantel zu stopfen.

»Du blöder Depp!« Maximilan schüttelte sich und versuchte sich den Schnee aus seinem Pullover zu holen. Christian lachte laut auf und hastete die leichte Anhöhe hinauf zur Kirche.

Kein standesgemäßes Verhalten für einen Jurastudenten im dritten Semester an der Ludwig-Maximilians-Universität der bayrischen Landeshauptstadt, gewiss, aber immerhin war er im Urlaub und dieses Bergdorf ermutigte ihn in seiner Abgeschiedenheit in ein kindhaftes Verhalten zurückzufallen, das die Stadt längst aus seinem Bewusstsein verbannt zu haben schien.

Christian stand vor der Holzumzäunung des Friedhofs, der um die Kirche herum angelegt war. Er stemmte die Hände in die Hüften und schnaufte schwer, ein breites Grinsen auf seinem Gesicht.

»Schlappschwanz! Wenn du jetzt schon schnaufst, wie 'ne Dampflok, wie willst du dann auf den Ortler kommen?« Maximilian stapfte mit großen Schritten durch den hohen Schnee. Seine Hände hatte er hinter dem Rücken verschränkt.

»Mit dir werd ich schon mithalten«, bemerkte der Jurastudent trocken, doch dann riss er die Augen auf. Sein Freund sprang auf ihn zu und rieb ihm seine mit Schnee gefüllte Hand ins Gesicht.

Als Christian es endlich geschafft hatte, Max von sich zu stoßen, schüttelte er sich vor Kälte und zog seine Brille nur mit leichten Widerwillen aus dem kalten Schnee. Mit dem Ärmel seines Pullovers wischte er halbherzig über die runden Gläser.

Max war in den Kirchhof getreten, zu dessen Seiten sich hohe Schneemassen türmten und nur einen kleinen von den Angehörigen der Gräber festgetretenen Weg rund um das Gotteshaus freigaben.

Maximilian schlenderte langsam an den Grabsteinen vorbei, vor denen die weiße Pracht so hoch aufgebäumt war, dass man die Namen nur schwerlich noch erkennen konnte.

»Schau, die heißen alle nur Hofstadler, Pengara und Meyer! Hier ist wohl jeder mit jedem verwandt«, stellte er belustig fest, wobei er auf verschiedene Gräber deutete.

»Was erwatetst du? Das ist ein kleines Kuhdorf am Ar... Ende der Welt.«

Inzwischen hatte sich der Schatten über das gesamte Tal gelegt und eine unerwartete Kälte zog mit ihm einher.

Die beiden Studenten hatten die Kirche umrundet.

Christian schlug sich den Mantelkragen hoch, als sein Blick auf ein weiteres Grab fiel, das einem Bergführer mit dem Namen Josef Meyer als letzte Ruhestätte diente. Nachdem ein spöttisches, beinahe heranlassendes Lächeln, ob der Wiederholung dieses Namens über seine Lippen huschte griff er nach Maximilians Mantel.

»Schau mal, Max!« Er nickte zu dem Grab, das dank dem Schutz einer Kiefer nicht unter einem Schneehaufen verschwunden war.

»Das ist schon der Dritte, auf dessen Grabstein steht, dass er am Ortler umgekommen ist.«

Maximilian zuckte unbeeindruckt mit den Schultern. »Na und? Ist doch sein Pech.« Christian warf ihm einen vielsagenden Blick zu. »Wollen wir nicht auch auf den Ortler? Wenn die Einheimischen schon draufgehen, weiß ich nicht, ob es tatsächlich klug ist, dass wir da rauf steigen!«

»Mein Gott, mach dir nicht gleich in die Hosen. Kannst ja hier bleiben, wenn du Schiss hast. Außerdem weißt du ja nicht, was dieser jahrhundertlange Inzest mit den Leuten gemacht hat. Vielleicht sind sie alle kurzsichtig, oder verblödet, oder so was. Uns wird schon nichts passieren! Gehen wir zurück in die Herberge. Ich frier mir hier noch den Arsch ab und Hunger hab ich auch.«

An der Tür der Herberge lehnte lässig der junge Londoner, eine Zigarette zwischen seinen Lippen. Er sah dem Ortler entgegen. Als er die beiden Münchner hörte, wandte er den Kopf und hob die Hand zum Gruß.

»Hello guys. How are you?«

Christian und Max wechselten einen schnellen Blick. Ihre Englischkenntnisse reichten aus, um den jungen Mann ungefähr zu verstehen, doch ihnen lag nicht besonderes viel daran, sich mit einem Briten zu unterhalten. Allerdings war der Mann sehr redselig und er bot ihnen bei jedem ihrer Aufeinandertreffen Zigaretten an.

»Good, good! We walked a bit around«, erklärte Christian, dessen Sprachkenntnisse ein wenig besser als die seines Freundes waren, stockend.

»Quiet nice here, ain't it! I'm really looking forward to climbing all these mountains. Took me long enough to get here. You know, from Dover to Hamburg and then all the way to Meran by train. It lasted eight bloody days to get here, but it's so amazing. Really, I love this place more than the Snowdonia. D'you guys know that mountain?«

Christian und Maximilian hatten nur einzelne Worte von dem verstanden, was der junge Mann erzählt hatte. Er hatte ihnen inzwischen wieder Zigaretten angeboten und die beiden Studenten inhalierten den Rauch tief, bevor sie den blaugrauen Qualm aus fast geschlossenen Lippen ausstießen.

Bei der Frage des Londoners schüttelte Max den Kopf. »We both was so far not in England.«

»A pity. It's really nice there. But maybe a bit boring after a while. I'm looking for adventures, that's why I came here.« Der dunkelhaarige Engländer lächelte und warf seinen Zigarettenstummel in den Schnee. Das Ende glimmte noch einen Moment und schmolz ein Loch in die weiße Decke, dann erlosch es.

»I'm freezing my arse off here. See you, guys!« Der junge Mann rieb sich kurz die Hände, um sie zu wärmen, bevor er die Tür öffnete. Die beiden Studenten nickten ihm nur zu.

Inzwischen lag die Dunkelheit der Nacht über dem ganzen Tal. Kein Stern war am Firmament zu erkennen; die Kälte kroch den Beiden unter die Mäntel und Pullover und ließ sie zittern.

Sie warfen ihre Zigaretten in den Schnee und betraten eiligst die beheizte Wohnstube der Herberge.

~~~

Christian wurde von dem trüben Licht des neuen Tages, das durch das mit cremefarbenen Leinenvorhängen zugezogene Fenster fiel und den Raum in einen warmen Schimmer hüllte, geweckt.

Der Jurastudent tastete nach seiner Brille. Seine Hände waren kalt. Die eisige Morgenluft kroch durch das schlecht isolierte Fenster und ihre langen Finger streckten sich durch das Zimmer.
~~~

Nachdem er sich seinen Pullover übergezogen hatte und in die dicken Wollstrümpfe geschlüpft war, trat er ans Fenster und zog die Vorhänge zurück. Frost hatte sich über die dünne Scheibe gezogen und malte schöne Formen und Muster darauf. Die morsche Fensterbank wurde von einer neuen Schneeschicht bedeckt und auf der Straße waren die Fahrspuren der Wägen und die vielen Fußabdrücke nur noch schemenhaft zu erkennen.

Schwere weißgraue Wolken hingen am Himmel, verbargen die Gipfel der vielen Bergen unter sich und ließen das kleine Bergdorf noch kleiner und unbedeutender erscheinen.

Ein kurzes Klopfen an seiner Tür ließ Christian sich vom Fenster abwenden. Maximilian trat ein; er trug bereits seine braunen warmen Knickerbocker und die schweren Wanderschuhe.

»Ich dachte, wir wollten los. Wir müssen uns sowieso beeilen, damit wir die verlorene Zeit wieder aufholen. Jetzt beeil dich oder ich geh allein«, meinte er knapp und verließ wieder das Zimmer.

Der Jurastudent seufzte hörbar. Wie konnte ein bayerischer Student nur über einen noch so kindhaften Elan verfügen?

»Hallo Burschen. Ihr wollt's doch net heut' 'nauf auf'n Ortler steig'n? Schaut's euch doch des Wetter an, des hält net. Wart's lieber noch a bissel. Der Himmel is' scho' zu'zog'n.« Der Wirt der Herberge, ein alter, breitgebauter Mann, dessen Gesicht von tiefen Falten zerfurcht war, trat Christian und Max entgegen, als sie sein Haus verlassen wollten.

Max musterte den Mann mit hochgezogenen Augenbrauen herablassend.

»Wir sind nur hierher gekommen, weil wir auf den Ortler wollen. Das Wetter wird schon halten!«

»Geh´ jetzt seid´s doch net so dumm. Bleibt ´s hier unten. Der Ortler läuft euch net weg.«

»Aber unsere Semesterferien, guter Mann!«, unterbrach ihn Christian.

»Schauts her, Burschen, es san schon so viele da ob'n gstur'm, weils net abwarten konnten.«

Maximilian verdrehte die Augen, griff nach Christians Arm und schob sich an dem Wirt vorbei.

Als sie nur wenige Minuten später die Herberge verließen, trafen sie wieder auf den Londoner.

»Good luck, boys«, meinte er knapp und klopfte Christian freundschaftlich auf die Schulter. »You two'll manage!« Er nickte ihnen ermutigend zu und ging ins Haus.

Die Wolkendecke war noch dichter geworden. Die Luft war so kalt wie am gestrigen Abend. Ihr dampfender Atem stieg dem Himmel entgegen, wie der Rauch der Schornsteine in der Stadt.

»Das verzieht sich schon, du wirst sehen. Sobald wir über der Wolkenbank sind, wird die Sonne scheinen. Außerdem kommen wir jetzt dann ohnehin ins Schwitzen, darauf kannst du Gift nehmen«, meinte Max beinahe euphorisch, wobei er dem wolkenverhangenen Bergmassiv entgegen sah.

Erst als sie hinter den ersten Bäumen am Fuß des Ortlers verschwunden waren,

ergriff Maximilian wieder das Wort.

»Der Alte in der Herberge spinnt doch völlig. Der soll froh sein, dass wir in seiner Bruchbude schlafen und dann kommt er mit solchen Schauermärchen daher. Als ob wir die einzigen wären, die auf den Ortler wollen. Ich wette, dass wir noch ein paar andere treffen werden auf unserem Weg. Ganz sicher.«

Christian zuckte nachdenklich mit den Schultern; sein Blick war starr auf die Wolkenwand gerichtet, die ihr Ziel vor ihnen verbarg.

»Ich weiß nicht. Er mag zwar an Hirnleistung eingebüßt haben, aber immerhin ist er hier aufgewachsen. Das können wir leider nicht behaupten.«

Max wandte bei den Worten seines Freundes den Kopf und musterte ihn beinahe abfällig.

»Wie gesagt, wenn du die Hosen voll hast, bleib unten. Ich werd hochsteigen.«

Christian verdrehte die Augen. »Du bist für ein normales Gespräch einfach nicht zugänglich, weißt du das?«

»Ich habe Ferien. Komm mir nicht mit ›normales Gespräch‹.«

Für einige Minuten stiegen sie schweigend den schmalen schneebedeckten Weg hinauf, in dem mehrere Skispuren deutlich von seiner Nutzung zeugten.

Doch bereits nach wenigen Minuten brach Max erneut die Stille zwischen ihnen und begann unaufhörlich über das junge Hausmädchen zu sprechen, das bei einem seiner Professoren arbeitete und das offenkundig sein Interesse geweckt hatte.

Die tiefliegende Wolkendecke, die das Bergdorf langsam zu erdrücken schien, lag nun als schwerer Nebel zwischen den dunklen Bäumen.

»Wie war das mit Sonnenschein oberhalb der Wolken? Ich weiß ja nicht, was du unter Sonne

verstehst, aber diese Nebelsuppe ist bestimmt keine!«, stellte Christian nüchtern fest; der spöttische Unterton in seiner Stimme entging seinem Freund allerdings nicht.

»Die unten haben was von einem Schneesturm erzählt, wenn ich mich recht erinnere. Das

sieht auch nicht wie einer aus«, rechtfertigte sich Maximilian, wobei er die Hände rieb, um

sie trotz seiner Handschuhe zu wärmen. Sein Atmen verließ in weißen Schwaden seine

Lippen.

Als sie von der verschneiten Bergalm aus über einen schmalen Weg, der zu beiden Seiten steil in die Tiefe abfiel, hinüber wanderten, begann es zu schneien.

Erst jetzt konnten sie zur ihrer Linken das gewaltige Bergmassiv der Ortlernordwand und sogar den erhofften Gipfel schemenhaft erkennen.

»Sieht ziemlich überwältigend aus, oder?«, meinte Max, wobei er, sichtlich beflügelt von dem gewaltigen Anblick, seine Schritte beschleunigte.

Christian konnte nur nicken; seine ungeteilte Aufmerksamkeit galt dem schmalen Weg, den er nur mit Mühe von den zugeschneiten Abhängen zu dessen Seiten unterscheiden konnte.

Das Schneetreiben hatte binnen weniger Augenblicke zugenommen; die kleinen weißen Flocken ließen Christians Brillengläser beschlagen, der aufkommende Wind schien die Wolkendecke auf sie hinunter zu drücken und trieb die eisige Kälte, die sich wie eine zweite Haut über den Berg und alles, das sich auf ihm befand, gelegt hatte, unter ihre Jacken und Mützen.

Der Blick des Jurastudenten ruhte noch immer starr auf dem verschneiten Weg. Er konnte keine einzige Unebenheit unter dem Schnee erkennen – zweifellos eine Folge seines Astigmatismus.

Langsam zog er sich den Kragen seines Pullovers, der aus seiner Jacke herauslugte, über seine Lippen und seine Nase. Als er mit dem Fingerrücken seines Ringfingers seine Nasespitze streifte, hatte er das Gefühl einen Fremdkörper zu berühren, nicht seine eigene Haut.

Er schauderte heftig und umgriff die Schultergurte seines Rucksacks. Seine Finger hatte ein sonderbares Taubheitsgefühl überzogen.

»Schau!« Der plötzliche Aufschrei des Maschinenbaustudenten ließ Christian aufsehen.

Vor ihnen auf der Bergkuppe erhob sich eine kleine Hütte, deren Dach unter der gewaltigen Schneelast den Anschein erweckte, als stürzte sie jeden Augenblick in sich zusammen.

Als die beiden Studenten wenige Minuten später vor der eingeschneiten Hütte standen, stellten sie zu ihrer Verwunderung fest, dass die Tür und die Fenster mit Brettern vernagelt waren. Während die Wetterseite der Hütte durch den starken

Wind kaum noch unter den Schneemassen, die gegen das raue Mauerwerk getrieben worden waren, zu erkennen war, fanden Christian und Maximilian hinter der Hütte im Windschatten einen weitgehend schneefreien Platz.

Mit leichtem Widerwillen zog sich Max die dicken Handschuhe von seinen klammen Fingern, streifte seinen Rucksack von den Schultern und zog eine Karte, einige in Papier gepackte belegte Brote und eine in mehrere Tücher eingewickelte Flasche heraus. Er drückte dem Jurastudenten die Flasche und ein Brot in die Hand und entfaltete den Plan.

»Wir müssen dann da weiter!«, meinte er nach wenigen Augenblicken, in denen er nachdenklich über die Karte gebeugt war, die auf seinen Knien ruhte, mit vollem Mund und deutete in die Schneewüste, die sich vor ihnen erstreckte und kein Ende preisgab.

»Siehst du da irgendeinen Weg? Ich nicht!«, meinte Christian entschieden, während er die Flasche öffnete. Bei dem undefinierbar ekelhaften Geruch, der ihm entgegen strömte, bereute er seinen Entschluss.

»Du bist ja auch blind wie ein Maulwurf. Außerdem ist es unmöglich sich zu verlaufen, wenn wir in die Richtung gehen. Es geht ja nur rauf.«

Der Jurastudent verdrehte ob der geradezu infantilen Logik, mit der sein Freund argumentierte, die Augen und führte die Flache, nachdem er sie kurz hin und her geschwenkt hatte, an seine Lippen. Doch nur einen Augenschlag später verzog er angewidert das Gesicht

»Was für eine verdammte Pisse ist das?«, fragte er und schüttelte sich vor Ekel.

Maximilian zuckte nur mit den Schultern.

»Kaffee mit Milch, Zucker und Whisky«, erklärte er und faltete die Karte wieder.

»Das kannst du selbst saufen!« Christian warf ihm die Flasche zu und rieb sich seine behandschuhten Hände.

Nachdem auch Max einen Schluck seines Gebräus hinuntergewürgt hatte und sich dann entschied, den übrigen Inhalt der Flasche in den Schnee zu schütten, machten sich die Studenten auf den Weg in die Schneewüste hinein.

Inzwischen lag das Wort ›Schneesturm‹ sehr nahe, um die Wetterlage zu beschreiben. Nebel lastete schwer auf den Bergen und die wild tanzenden Schneeflocken ließen den suchenden Blick der Studenten kaum passieren.

Eiskristalle lagerten sich um den schmalen metallenen Brillenrand des Jurastudenten, so als versuchten sie, Christian die Sicht gänzlich zu nehmen. Seine Zehen schmerzten vor Kälte und seine Füße und Hände fühlten sich taub an.

Den Blick starr auf die schweren, schwarzen Wanderschuhe gerichtet, sah er nur noch gelegentlich auf, um sich zu vergewissern, dass Maximilian nur wenige Schritte vor ihm war und dem Sturm mit überraschender Zähigkeit trotzte.

Das gewaltige Bergmassiv, an dessen berüchtigter Nordwand sie entlang wanderten, ragte in das dichte Nebelfeld hinein und verschwand übergangslos darin.

Christian schnaufte schwer. Er hatte das Gefühl, die kalte Luft hätte sich in seine Lunge gebettet und seine Lungenflügel erlahmen lassen.

Die Gläser seiner Brille waren inzwischen gänzlich von einer Eisschicht überzogen.

Wieder hob der Student den Kopf und versuchte seinen Freund zu erkennen. Er musste seine Brille abnehmen, um die verschwommenen Konturen des Maschinenbaustudenten weit vor sich auszumachen.

»Egoistisches Arschloch!«, zischte er, wobei er die Brille in seine Hosentasche schob.

Seinen Blick wieder auf den unebenen Boden gerichtet, beschleunigte er seinen Schritt.

Nach Maximilian zu rufen, wäre aussichtslos. Außerdem war er der Ansicht, dass Christian ein Schlappschwanz war und er sah keinen Grund dafür, Max in seiner Meinung auch noch zu bestätigen.

Der Jurastudent konzentrierte sich auf den zugeschneiten Weg, in dem er keine Unebenheit erkennen konnte. Diese Tatsache ignorierend, beschleunigte er seine Schritte.

Plötzlich verschwamm sein Blick. Weder der Pfad noch die Umgebung schienen zu existieren und auch Maximilans Konturen in weiter Ferne waren nicht mehr zu erkennen. Christian sah nichts weiter als unebene, unendliche weiße Wüsten.

Er fuhr sich mit dem wollenen Handschuh, in dessen groben Fasern sich Eiskristalle gebildet hatten, über die Augen, in der Hoffnung wieder ein klares Bild zu erhalten, als er unter sich keinen Halt mehr fühlte.

Christian spürte, dass er den Abhang hinunter rutsche. Sein Mund war weit geöffnet und er glaubte zu schreien, doch er konnte keinen Laut hören.

Seinem ersten Impuls folgend suchte er nach einem Halt. Seine Wanderschuhe mit den Nägeln an der Sohle stemmte er gegen den vereisten Untergrund, während er mit den Händen nach etwas Greifbarem suchte.

Plötzlich durchflutete ein stechender Schmerz sein linkes Bein. Der Student kniff seine Lider fest zusammen und versuchte vergebens nicht das Bewusstsein zu verlieren ...

~~~

Der dumpfe pochende Schmerz strömte durch seinen Körper, ließ sich nicht mehr verdrängen und zog ihn allmählich aus seiner Bewusstlosigkeit.

Die Augen geschlossen, durchfuhr ein Schauer seinen Körper. Er zitterte vor Kälte und der dumpfe Schmerz im seinem Bein wuchs mit jeder Sekunde, die ihn wieder in die Gegenwart brachte, zu einer kaum erträglichen Pein heran, sodass sich der Jurastudent wünschte, wieder in die gnädige Ohnmacht zurück zu sinken.

Stattdessen öffnete Christan langsam, fast mühsam die Augen. Als er nichts weiter als das unend-
~~~

liche, undurchdringbare Weiß vor sich saß, wurde sein Atmen flach.

Er wandte den Kopf, in der bangen Hoffnung, einen Ausweg aus seinem eisigen Gefängnis zu finden. Doch er fand nichts als die weiße Wüste.

Das taube Gefühl der Machtlosigkeit keimte in seiner Brust auf und lähmte seinen Körper – sogar der abscheuliche Schmerz in seinem Bein wich diesem Gefühl.

Doch plötzlich kämpfte sich ein Gedanke aus seinem Unterbewusstein – der einzige Gedanke, der stärker war als das alles einnehmende Gefühl der Resignation.

Er wollte leben! Er wollte nicht auf diesem Berg verrecken, wie all die Menschen, über die er gestern Abend gelacht hatte. Zumindest würde er sich nicht kampflos ergeben!

Mit klammen, steifen Händen drückte er gegen die Schneemassen. Sehr zu seiner Überraschung ließ sich die Schneedecke anheben und nur einen Augenblick später durchbrachen seine grauen, groben Wollhandschuhe das unendliche Weiß. Christan schloss die Augen – den Schnee, der ihm ins Gesicht gefallen war, nahm er kaum zur Kenntnis – und füllte seine Lungen mit frischer kalter Luft. Seine Sinne schärften sich, seine Gedanken wurden klarer.

Nachdem ihn ein weiterer Schauer durchzogen hatte und er schließlich die Augen wieder öffnete, sah er sich einer Wand aus tiefgrauen Wolken gegenüber, die so tief hingen, dass Christian glaubte, sie berühren zu können, wenn er nur seine Arme nach ihnen ausstreckte.

Schneeflocken tanzten in Scharen auf ihn herab und machten eine Sicht in weite Ferne unmöglich.

Vorsichtig richtete sich der Student auf. Der flammende Schmerz in seinem linken Bein trieb ihm Tränen in die Augen.

»Großer Gott!«, keuchte er durch zusammengebissene Zähne und schloss seine schmerzenden, steifen Finger um seinen Oberschenkel, der aus der Schneedecke, die seine Beine noch immer begrub, herausragte.

Nach wenigen Augenblicken, die Christian wie Stunden erschienen, verebbte der Schmerz wieder zu dem dumpfen Pochen und erlaubte ihm wieder tiefe Atemzüge zu nehmen.

Er strich den Schnee vorsichtig von seinen Beinen. Seine Finger schmerzten, doch er musste feststellen, dass er weder die Kälte noch die Nässe spürte.

Sein unkontrolliertes Zittern ließ einen seltsamen Schmerz durch seinen Rücken und seinen Kiefer jagen.

Doch auch dieser glich vielmehr einer dumpfen Empfindung.

Das einzig echte Gefühl war das in seinem linken Bein, auf das der Jurastudent liebend gern verzichtet hätte.

Wie mechanisch wischte er den Schnee von seinen Beinen. Erst als sein verletztes Bein vor ihm lag, blieb ihm die Luft im Hals stecken.

Ein weiterer Schauer jagte schmerzhaft durch seinen Körper.

Seine braunen Kniekerbocker waren blutgetränkt und sein Unterschenkel stand in einem seltsamen, unnatürlichen Winkel ab.

Bei diesem Anblick flammte ein neuer grässlicher Schmerz in ihm auf, vertrieb für einen kurzen Moment jede andere Empfindung und trieb Christian erneut Tränen in die Augen.

»Das darf nicht wahr sein!«, flüsterte er mit zitternder Stimme und warf den Kopf in den Nacken.

Regungslos blieb er sitzen und ließ sich die tanzenden Schneeflocken auf sein Gesicht rieseln

ohne sie wahrzunehmen, doch plötzlich riss er die Augen auf. Die gleiche Regung,

die ihn dazu getrieben hatte, sich aus seinem weißen Gefängnis zu befreien, schrie ihn nun an,

nach Hilfe zu rufen – nicht widerstandslos aufzugeben.

Langsam sah er sich zu allen Seiten um. Doch nicht nur das Schneetreiben verhinderte seine Sicht. Ohne seine Brille hätte er auch bei herrlichstem Wetter nicht weiter als zehn Meter blicken können, in der Hoffnung etwas zu erkennen.

Vorsichtig und mit Widerwillen zog der Student sich mit schmerzenden Fingern seinen rechten Handschuh aus. Seine Hand war schneeweiß. Seine Fingerspitzen waren bereits blau angelaufen. Mit geschlossenen Augen, so als versuche er, dieses schreckliche Bild aus seinem Gedächtnis zu verdrängen, legte er sich wieder in den Schnee, um leichter seine Brille aus der Tasche zu ziehen.

Als seine Finger an das Gestell stießen und einen pulsierenden Schmerz durch seinen Arm jagte, kam ihm Max wieder in den Sinn.

»Einmal brauche ich dich, verdammter Verräter!«, flüsterte er, wobei er sich das verbogene Brillengestell auf die Nase setzte. Die Gläser waren mehrmals gesprungen aber glücklicherweise noch in ihrem Rahmen.

»Max!«, rief er aus. Seine Stimme war nur noch ein Hauch. Er war erschüttert, wie hilflos er klang. »Maxi! Hilfe! Ich brauche Hilfe!«

Wieder schloss er die Augen und ließ seinen Kopf auf die Brust sinken.

Sicher würde der Maschinenbaustudent bereits auf dem Gipfel stehen. Wahrscheinlich war ihm noch gar nicht aufgefallen, dass er, Christian, gestürzt war.

»Ich kann hier nicht sitzen bleiben!«, stieß er plötzlich aus, als versuche er sich selbst ins Gedächtnis zu rufen, dass er nicht aufgeben wollte. Die Pein in seinem Bein zum Trotz, begann der Student langsam seinen Körper zu drehen, um sich erneut umzusehen.

Er saß in einer Art Schlucht – soviel stand fest. Zu beiden Seiten ragten hohe Schneemassen den grauen Wolkenmassen entgegen und gingen nahtlos in sie über, sodass es Christian unmöglich war, festzustellen, wie hoch sie tatsächlich waren.

Die Sicht war so schlecht, dass er das gewaltige Bergmassiv nicht erkennen konnte, obgleich er sich sicher war, dass es sich hinter ihm erstrecken musste.

»Die Schutzhütte!«, stieß Christian hervor, so als erwarte er von seiner Umwelt eine Antwort oder Bestätigung. Zwar wusste er nicht, wo sich die Hütte befand, doch sie war das Einzige, das ihm im Moment in den Sinn kam.

Obgleich ihm der verbliebene Rest seines Rationalismus, der der Kälte und den Schmerzen und der dumpfen Resignation, die noch immer im seinem Bewusstsein lauerte, noch trotzen konnte, wie eine leise Stimme einredete, dass die Idee, die Schutzhütte erreichen zu können, absurd, sogar verrückt war, legte Christian beide Hände um seinen linken Oberschenkel und schob sein Bein vorsichtig, sodass es bergabwärts zeigte.

Mit geschlossenen Augen drückte er seine Fäuste in den Schnee und rutsche ein Stück bergabwärts.

Doch schon nach wenigen Zentimetern schrie er auf; ihm wurde schwarz vor Augen. Keuchend versuchte er mit bloßer Willenskraft sich zu zwingen, nicht das Bewusstsein zu verlieren, obgleich es ihm wie eine süße Zuflucht schien, die sich schmeichelnd um ihn legte und ihn mit sich ziehen wollte.

Er wusste, gäbe er dieser verlockenden Versuchung nach, würde er auf diesem Berg sterben.

Der Student zwang sich, die Augen zu öffnen. Die trübe tiefgraue Wolkendecke erschien Christian inzwischen wie der schweigsame, grause Komplize eines Verbrechens, dem er zum Opfer gefallen war – seiner übersteigerten Selbsteinschätzung. Die Strafe des jüngsten Gerichts konnte wohl nicht schlimmer sein!

Wieso hatte er nicht auf den Wirt gehört? Er hatte Max und ihn eindringlich gewahrt. Doch Christian war der unfassbar törichten Meinung gewesen, geistig weit über diesem Mann zu stehen und seine Warnung ignorieren zu können.

Wieder versuchte er sich zu bewegen. Er musste zumindest einen windgeschützten Platz finden, um an der bangen Hoffnung festhalten zu können, je wieder lebendig hinunter ins Tal zu gelangen.

Doch der Schmerz war so überwältigend und die Ohnmacht so verlockend.

»Max! Wo bist du nur? Maxi! Hilfe!« Seine Stimme wurde immer leiser. Seine Zähne klapperten und sein Kiefer schmerzte.

Als Christian ein weiteres Mal versuchte, bergabwärts zu rutschen, standen ihm erneut Tränen in den Augen; seine Umgebung war nichts weiter als ein undurchdringbares Grau.

Er konnte unmöglich diesen Berg lebend verlassen. Er würde hier sterben!

Die Gewissheit drängte sich ihm als endgültige Erkenntnis auf, schlug jede verbliebene Hoffnung nieder und wallte als Woge der Resignation durch seinen Körper.

Das laute Klappern seiner Zähne, das als einziges Geräusch die Stille um ihn herum, die schlimmer als die grauen Wolken auf ihn niederdrückte, durchbrach, nahm er kaum noch war. Langsam schloss er die Augen.

Er konnte an nichts mehr denken. Jede Bewegung kostete ihn ungeheuer viel Kraft. Kraft, die der Jurastudent nicht mehr besaß.

Sein Kopf sank langsam wieder auf seine Brust, sein Atem war flach und rasselnd.

~~~

»Christian! Mein Gott, Chris!« Maximilian stolperte durch den hohen Schnee der zusammengekauerten Gestalt entgegen, die in der einbrechenden Dunkelheit nur noch schemenhaft zu erkennen war.

»Chris, mein Junge! Komm schon!«, rief er. Der Jurastudent reagierte nicht.

Max hatte seinen Freund erreicht, packte ihn an den Schultern und begann ihn heftig zu schütteln.

Doch als er seinen Freund genauer betrachtete, erschrak er so, dass er in seiner Bewegung inne hielt. Sein Gesicht war blass, die verbogene Brille war an seinem Gesicht festgefroren. Christian bebte vor Kälte. An seiner rechten Hand trug er keinen Handschuh mehr. Sie hatte sich tief blau, beinahe schwarz gefärbt. Der graue Handschuh lang nur eine Armeslänge von ihm entfernt im Schnee und wurde von einer Schicht Schneeflocken begraben, so als versuchten sie, ihn zu verstecken.

»Komm schon, Chris! Sag was, verdammt noch mal!« Max riss sich aus seiner Trance und rüttelte seinen Freund, bevor er ihm in seiner Verzweiflung seine Faust ins Gesicht schleuderte.
~~~

Langsam öffnete Christian die Augen. Erst nach einem langen Augenblick, in dem ihn Maximilian bittend ansah, schien er seinen Freund zu erkennen.

»Da bist du ja!« Seine Stimme war wieder zu erkennen. Dünn, brüchig, von der Kälte verzerrt. Dennoch glaubte Max eine Art der Erleichterung heraus zu hören.

Maximilian nickte, während er sich seine Mütze vom Kopf zog und sich die Handschuhe von den Händen streifte. Er kniete neben seinem Freund nieder und rieb ihm die Arme und das Gesicht mit seinen vor Kälte schmerzenden Händen, in der bangen Hoffnung, ihm zumindest ein bisschen Wärme spenden zu können, bevor er ihm die Mütze aufsetzte und die Handschuhe überzog.

Christan schien langsam wieder etwas wacher zu werden, doch das seltsame Gefühl, seinen Freund gerade buchstäblich aus der Grube gezogen zu haben, ließ ihn nicht mehr los.

»Tut mir leid!«, meinte er, erhob sich aus dem Schnee und sah sich um.

Schon längst hatte er die Orientierung gänzlich verloren. Das einzige, das er mit Sicherheit sagen konnte, war, dass die Hütte bergabwärts lag. Weiter würde er mit Christian und seinem verletzten Bein ohnehin nicht kommen.

»Komm, Chris! Bringen wir uns in Sicherheit!«

Der Student griff unter die Arme seines Freundes, der allem Anschein nach wieder in die Bewusstlosigkeit zu sinken drohte und zog ihn vorsichtig auf die Beine.

Ein wimmernder Laut entrang sich Christians Kehle und ein Schauer ließ seinen Körper beben.

Max warf seinem Freund einen mitleidigen, entschuldigen Blick zu, während er sich vorsichtig den linken Arm des Jurastudenten um die Schulter legte.

Doch neben dem Mitleid für den Jurastudenten und einem überwältigenden Gefühl der Schuld konnte Maximilian nicht leugnen, dass Christians Reaktion einen Hoffnungsschimmer in ihm aufkeimen ließ. Immerhin war er noch bei Bewusstsein.

Unfokussierte Augen starrte Max an; der rasselnde unebene, flache Atem des Jurastudenten strömte ihm ins Gesicht und sehr zu seiner Überraschung nahm er ihn auf seiner Haut nicht wahr.

Die vergangenen Stunden hatten an ihm gezehrt und obgleich er sich die groben Handschuhe seines Freundes übergezogen hatte, wurde er das Gefühl nicht los, dass es keinen großen Unterschied gemacht hätte, sie einfach im Schnee liegen zu lassen. Ein dumpfer aber dauerhafter Schmerz pulsierte im seinem Körper. Sein Rücken, sein Kiefer, seine Arme und Beine schmerzten vor Kälte und mit jedem Wort des Trostes, das er an seinen Freund richtete, musste er sich zwingen, seine Stimme so ruhig zu halten, dass zumindest er selbst seine Worte verstand, wenn es auch Christan vermutlich nicht mehr tat.

Der Jurastudent starrte ihn noch immer an, doch Max war sich nicht sicher, ob er ihn überhaupt erkannte. Dann sank sein Kopf langsam zur Seite.

»Warst du oben?« Maximilian konnte nicht sagen, ob er sich die Frage nur eingebildet hatte. Dennoch antwortete er, wobei er langsam begann einige Schritte durch den kniehohen Schnee zu waten.

»Nein! Entweder steigen wir zusammen hoch oder keiner von uns steht auf dem Gipfel. Chris, es tut mir wirklich so leid. Ich hab gar nicht gemerkt, dass du so weit hinter mir warst. Plötzlich warst du weg. Ich hab dich nicht mehr gefunden. Es war ganz seltsam. Das Wetter ist noch schlechter geworden. Ich hab nicht einmal mehr die Hand vor Augen sehen können und es wurde immer kälter. Ich bin wieder zurückgegangen, um nach dir zu suchen, hab dich aber nicht gefunden. Plötzlich hab ich in einiger Entfernung eine Art Licht gesehen und eine Gestalt – glaube ich zumindest. Ich konnte es aber nicht genau erkennen. Ich hab dem Licht hinterher gerufen, aber es hat nicht reagiert. Hey Chris, bist du noch bei mir?« Maximilian hatte Christian einige Meter mit sich gezogen. Mit jedem Schritt wurde ihm das Gewicht seines Freundes bewusster.

»Komm schon, Junge! Gleich sind wir in Sicherheit!« Seine Stimme war nur noch ein zittriger Hauch. Unter anderen Umständen wäre Maximilian über seine Stimme erschrocken, nun aber konnte er die Kraft, sich darüber aufzuregen, nicht mehr aufwenden. Seine Schritte wurden unsicherer und er befürchtete, jeden Augeblick zu stürzen. Doch das durfte er nicht! Er musste sie in Sicherheit bringen!

Max war sicher, noch nie in seinem Leben so erschöpft gewesen zu sein. Das Gefühl in seinen Händen hatte er verloren und auch seine schmerzenden Füße spürte er kaum noch.

Er wusste nicht, was er tun sollte. Er wusste nicht, wo sie waren und er wusste nicht, wo die Schutzhütte lag. Und was brachte ihnen dieser zugenagelte Holzschuppen? Sicher war er zu schwach, um die Bretter von der Tür zu zerren.

Um diesem abscheulichen Gefühl der Hilflosigkeit und dieser unerträglichen Müdigkeit, der er nur zu gerne nachgegeben hätte, entgegen zu wirken, begann er wieder zu sprechen, obgleich seine Stimme kaum noch als die seine zu erkennen war und er keinen einzigen Ton mehr herausbrachte, der nicht von seinem Zittern verzerrt wurde.

»I...Ich bin dem Kerl gefolgt, h...hab mich beeilt ihn einzuholen ... aber er w...wurde immer schneller ... pl...plötzlich war er weg. Ich bin ein paar Schritte weiter ge...gegangen und d...dann hab ich dich gefunden, Chris. Chris? H...hörst du mich?« Mit seiner verbliebenen Kraft drückte er die Schulter seines schwachen Freundes.

Maximilan spürte ein leichtes Nicken an seiner Schulter.

»H...hab k...keinen .... ge...geseh'n ...« Wieder war sich Maximilan nicht sicher, ob er sich das leise zittrige Flüstern nur einbildete.

»M...mir is so k...kalt ... Maxi.« Dieses Mal war jeder Zweifel ausgeschlossen.

»Du m...musst nur n...noch kurz aushalten, J...junge. Blieb bei m...mir, h...hörst du?« Maximilian war erschöpft stehen geblieben und sah sich zu allen Seiten um.

Dunkelheit hatte sich über sie gelegt und tauchte den Berg und die unendliche Schneewüste in tiefblaue und schwarze Töne. Maximilan wusste nicht, welche Strecke sie bereits zurückgelegt hatten, wie lange er Christian bereits mit sich zog und bei jedem Schritt schwächer wurde. Seine Beine schienen automatisch einen Schritt an den anderen zu reihen.

Der Student zog seinen zitternden Freund, dessen Atem immer langsamer und rasselnder wurde, näher an sich heran, in der bangen Hoffnung, ihn zu wärmen und selbst etwas Wärme zu erhalten, nach der jede Faser seines Körpers lechzte.

Er legte den Kopf in den Nacken und schloss die Augen. Wie gerne wäre er in den Schnee gesunken, hätte sich von den tanzenden Schneeflocken zudecken lassen und wäre in ihrem Schutz eingeschlafen. Nichts schien verlockender.

»...s...so k...kalt...« Die Stimme seines Freundes wurde schwächer.

Max konnte ihn nicht mehr ansehen. Zu schmerzhaft wurde das nagende Schuldgefühl, zu quälend die schreckliche Gewissheit, nicht mehr lebend das Tal zu erreichen.

Wieso hatte er nur so darauf bestanden, heute den Ortler bezwingen zu wollen? Wieso hatte er nicht abwarten können? Der Wirt hatte ihn gewarnt und auch Christan hatte seine Einwände gehabt. Doch er, Maximilian, hatte – so wie immer – stur auf seiner Meinung beharrt. Und nun lag der Jurastudent schwach und wohl eher tot als lebendig in seinen Armen, würde in seinen Armen sterben. Tränen standen Maximilian in den Augen, als er zu seinem Freund hinuntersah.

»Es t...tut m...mir so l....leid, Chris. S...so unendlich l...leid!«, flüsterte er. Der Jurastudent gab keine Reaktion von sich. Doch dann hob er langsam den Kopf; seine Augen schienen erst nach Maximilian suchen zu müssen, doch schließlich wurde sein Blick wieder klarer.

Für einen flüchtigen Moment glaubte Max, sein Freund versuchte, etwas zu sagen, doch er schien die Kraft nicht aufzubringen, seine Worte zu formen. Dann sank sein Kopf wieder gegen die Schulter des Maschinenbaustudenten.

Maximilian konnte es nicht erklären, aber auf sonderbare Weise schöpfte er aus dieser Geste neue Hoffnung.

Er stapfte einige Schritte weiter.

Plötzlich flackerte in einiger Entfernung ein sonderbares Licht auf und durchbrach die Dunkelheit, die sich wie eine schützende Decke über den Berg gelegt hatte. Maximilian blieb unvermittelt stehen. Beim Anblick des ihm vertrauten Lichtkegels schienen sich seine Sinne wieder zu schärfen.

»Schau, Chris! D...da ist d...der K...kerl wieder, d...dem i...ich vorher n...nachgelaufen b...bin. Siehst d...du sein L...licht?« Christan reagierte nicht.

Max drückte seine Schulter fest. Das Licht bewegte sich nicht. Sein heller Schein wirkte beinahe übernatürlich und eine unerklärliche aber deutlich spürbare Energie schien davon auszustrahlen.

»Hallo!«, rief Maximilian so laut er konnte, doch er musste feststellen, dass es nur ein Hauch seines eigentlichen Stimmvolumens war.

Der Lichtkegel begann zu wandern. Er bewegte sich von ihnen weg.

Wieder rief Max nach dem Licht, dann aber watete er mit neuer Kraft, dessen Ursprung er nicht kannte, hinter ihm her.

»Chris, m...mein J...junge, siehst d...du das L...licht? Der K...kerl weiß s...sicher, wo e...es lang g...geht. W...wir sind gleich i...in S...sicherheit. K...komm schon, Chris, b...bleib bei m...mir. N...nicht einschlafen! G...gleich haben w...wir's ge...geschafft. H...hörst du?«, Christian reagierte nicht. Nur der rasselnde Atem, der gelegentlich an Maximilians Ohren drang, gab dem Maschinenbaustudenten die Gewissheit, dass sein Freund noch am Leben war.

Noch immer war das Licht weit vor ihnen. Die tanzenden Schneeflocken, die in unzähligen Mengen auf sie herabschneiten, schienen das Licht, dem Maximilians ganze Aufmerksamkeit galt, verbergen zu wollen. Doch der strahlende Kegel wanderte unbeirrt durch den Sturm.

Maximilians Beine wurden immer schwerer, der Griff um seinen Freund loser und er fürchtete, ihn jeden Augenblick loszulassen.

»K...komm, Chris, g...gleich sind w....wir sicher. B...bitte! Halt durch! B...bitte!«

So plötzlich, wie das Licht vor seinen Augen erschienen war, war es verschwunden. Max blieb stehen und sah sich zu allen Seiten um.

»H...hallo!«, rief er verzweifelt aus, doch die einzige Antwort, die er erhielt, waren die tanzenden Schneeflocken, die sich wie eine zweite Haut über die beiden Studenten gelegt hatte. Maximilian taumelte kraftlos einige Schritte weiter, bevor er zusammenbrach.

»T...tut m...mir l...leid, Chris!«, stieß er aus. Wieder reagierte der Jurastudent nicht. Er lehnte schwer gegen Max. Der Maschinenbaustudent sah sich ein letztes Mal um, in der vergeblichen Hoffnung, etwas anderes als die undurchdringbare Finsternis zu erkennen.

Plötzlich flammte nur wenige Meter das Licht erneut auf – heller und kräftiger als zuvor. Max starrte es ungläubig an, ließ sich von ihm blenden. Er glaubte die Umrisse eines Arms zu erkennen, der die Laterne hielt. Im Lichtkegel wurde die raue Holzwand der Schutzhütte erkennbar.

Doch dann war wieder alles dunkel.

Der Maschinenbaustudent brachte nicht mehr die Kraft auf, nach dem Phantom zu rufen.

Seinen Freund fest an sich gedrückt, kroch er die wenigen Meter, bis er vor sich die Holzwand spürte.

Sie waren wieder an der windstillen, beinahe gänzlich schneefreien Hinterseite der Hütte, wo sie noch vor einigen Stunden, die Maximilian wie eine Ewigkeit vorkamen, gerastet hatten, um sich anschließend an der Ortlernordwand zu messen und kläglich zu scheitern.

»Chris! H...hörst d...du, J...junge? W...wir haben es...ge...geschafft!« Seine Stimme zitterte so heftig, dass Maximilian sich nur mit Mühe selbst verstand.

Er lehnte den regungslosen Körper seines Freundes vorsichtig gegen das Holz und beugte sich langsam hinunter zu seinem Mund. Erst als er den flachen rasselnden Atem vernahm, ließ er sich neben ihm gegen die raue Wand sinken.

Seine Glieder schmerzten vor Kälte. Sein Zittern war so stark, dass sich seine Muskeln verkrampft hatten und er war so unsagbar müde ...

Nur für wenige Minuten wollte er sich ausruhen; nur für einen kurzen Augenblick die Augen schießen.

Sein Kopf sank gegen den seines Freundes und die Müdigkeit griff nach ihm.

Der Schnee leuchtete in einem zarten rot, die Felswände des Ortlers waren leuchtend grün. Eine Gestalt taumelte durch die helle Schneewüste. Es schneite heftig und der Wind ließ den Schnee aufwirbeln. Die Gestalt hielt sich schützend einen Arm vor das Gesicht. In der freien Hand hielt sie eine Laterne. Das schwache Licht der Kerze flackerte und spendete kaum Licht. Allerdings war die Umgebung so hell, dass die Kerze unnötig, beinahe lächerlich erschien. Die Gestalt stolperte einige Schritte weiter. Dann plötzlich fiel sie. Der Boden riss vor ihr auf und sie stütze in ein klaffendes, schwarzes Loch. Der schrille, helle Schrei ließ Max aufschrecken.

Mühevoll öffnete er seine Lider. Frost hatte seine Wimpern verklebt.

Maximilian war sich nicht sicher, ob er den Sturz dieser Person nur geträumt hatte; es schien so real und doch war der Schnee rot gewesen. Allerdings konnte sich Max im Moment nicht erinnern, welche Farbe der Schnee tatsächlich besaß. Als er Christian gefunden hatte, war der Schnee um ihn herum rot gewesen und seit Stunden – oder vielleicht Tagen, oder Monaten – sah er nichts weiter als tiefblauen Schnee, durch den er sich gekämpft hatte.

Er hob langsam den Kopf. Die Wollfasern der Mützen der beiden Studenten waren zusammengefroren.

Maximilan lehnte den Kopf gegen die Holzwand.

In der Ferne sah er verschwommene helle Flecken. Erst nach einigen Augenblicken wurde seine Sicht klarer und er erkannte Licht. Doch nicht nur ein Lichtkegel fraß sich durch die Dunkelheit. Es waren viele – so viele, dass Max sie nicht zählen konnte.

Er glaubte, Stimmen durch das Schneetreiben zu hören. Doch sie waren so tief und verzerrt, dass er sie nicht verstehen konnte.

»Chris....sch...schau!« Er rüttelte seinen Freund mit tauben Fingern. Christian gab keine Reaktion von sich. Doch es war nicht wie zuvor. Seine Schulter war steif!

Langsam beugte sich Maximilian zu seinem Mund hinunter, doch er konnte den rasselnden Atem nicht mehr hören.

»Ch...Chris...« Vorsichtig hob Max seinen Arm. Er war so schwer ...

Er berührte seinen Freund im Gesicht. Auch dieses war unnatürlich steif.

Maximilian ließ kraftlos seinen Arm sinken und sah wieder den Lichtern entgegen. Sie wirkten freundlich, lebendig und wanderten hin und her.

Beinahe schien es, als wollten sie Max auffordern, zu ihnen zu kommen.

Doch er blieb regungslos sitzen. Er hatte nicht mehr die Kraft, zu ihnen zu gehen. Er rief auch nicht nach ihnen. Sie würden ihn ohnehin nicht hören.

Und es gab auch keinen Grund, nach ihnen zu rufen.

Eine wohlige Wärme strömte durch seinen Körper. Es war beinahe so, als wäre er in ein heißes Bad gesunken.

Ihm war so warm wie den ganzen Tag nicht.

Es fühlte sich so gut an. Und die Lichter tanzten so lustig.

Vielleicht hatte Christian die Lichter auch gesehen und vielleicht hatten sie ihm genau das gleiche wohlige Gefühl gegeben wie dem Maschinenbaustudenten.

Maximilan hatte keine Angst mehr einzuschlafen. Er kämpfte nicht mehr dagegen an. Er warf noch einen letzten Blick auf die hellen, freundlichen

Lichter, die sich langsam entfernten, und schloss die Augen.

Heimat/Fremde

Todeskuss

von Luisa Raithel und Ann-Kathrin Schwegler

Ich bin Alice, 15 Jahre alt, stumm und tot. Ich habe noch nie wirklich zur Gemeinschaft gehört, denn ich konnte nicht reden. Meine alte Schule hatte mich das vergessen lassen. Dort waren alle nett zu mir gewesen und sie behandelten mich gleich. Doch der letzte Monat holte mich zurück in die Wirklichkeit. Ich würde nie dazu gehören. Das ist die Geschichte von meinem Tod.

Noch 1 Monat bevor ich starb

Heute war mein erster Tag an einer der wenigen Privatschulen in Deutschland. Davor war ich an einem Gymnasium zur Schule gegangen, aber dort war ich unterfordert gewesen. Ich hoffte noch immer, dass es hier nur Nerds und Streber gab. Aber ich wusste es besser. Hier gingen die Kinder von superreichen Eltern zur Schule. Ich holte noch einmal tief Luft und ging ins Innere des Schulgebäudes. Was mir entgegenkam war Lärm und ein Geruch aus verschiedenen Parfümsorten. Ich sah mich um. Die Eingangshalle war riesig und in verschiedenen Weißtönen angemalt. Eigentlich genauso wie in jeder Schule. Nur die Schüler waren anders. Die Mädchen hatten alle Markenklamotten an und stolzierten wie die Königinnen umher. Die Jungs hielten sich anscheinend für ganz cool und pfiffen den Mädchen hinterher. Diese lächelten sie charmant an und zwinkerten ihnen zu. Ich zog eine Augenbraue hoch. Wo war ich hier nur gelandet? Ich drängte mich durch die Massen an Schülern, um in mein Klassenzimmer zu kommen. Dort angekommen wurde ich gleich von meinem neuen Lehrer vorgestellt und auf einen Platz gesetzt. So ging es in jeder Stunde und ich war froh, als ich endlich nach Hause durfte. Ich drängelte mich wieder durch die Schüler und als ich draußen war, sah ich schon das Auto von Markus. Daneben stand er und wartete auf mich. Markus war der Heimleiter des Kinderheims, in dem ich wohnte. Meine Eltern waren bei einem Zugunglück ums Leben gekommen. Seitdem lebte ich dort. Ich rannte auf ihn zu und umarmte ihn stürmisch. Er schloss mich ebenfalls in den Arm und fragte: »Na, wie war dein erster Schultag in dieser Schule?« Ich grinste und hielt meinen Daumen nach oben. Er lachte und stieg in das Auto ein. Ich tat es ihm nach und wir fuhren nach Hause.

Noch 3 Wochen bevor ich starb

Mittlerweile war eine Woche vergangen und ich hasste diese Schule mehr als alles andere. Man hatte bemerkt, dass ich stumm war und jetzt begleiteten hässliche Bemerkungen meinen Weg durch die Schule. Ich versuchte sie zu ignorieren, aber es gelang mir nicht immer. Am schlimmsten waren Jennifer und ihr Gefolge. Sie zogen mich an den Haaren oder schubsten mich durch den Gang. Dabei lachten sie gehässig und ließen Bemerkungen hören wie »Kaufst du deine Klamotten immer im Secondhandladen?« oder »Habt ihr nicht genügend Wasser zuhause oder warum stinkst du so?« So ging ich mit gesenktem Kopf durch die Gänge und merkte nicht, dass mir ein Mädchen entgegen kam. Prompt stieß ich mit ihr zusammen. Unsere Bücher flogen zu Boden und ich starrte schockiert mein Gegenüber an. Es war Lea aus meiner Klasse. Sie hatte langes, goldbraunes Haar und dunkle Augen. Ich erwartete eine Beleidigung, doch sie lächelte mich freundlich an. Das verwunderte mich und mein Gesichtsausdruck musste ziemlich bescheuert ausgesehen haben, denn sie fing an zu lachen. Ich schüttelte den Kopf, hob meine Bücher auf und wollte gehen, doch sie hielt mich zurück. »Stop. Wo willst du den hin?« Na toll, es kam also doch eine Beleidigung. Aber ich hatte mich vollkommen in Lea getäuscht, denn sie hielt mir die Hand hin und sagte: »Hi, ich bin Lea, aber du kennst mich bestimmt schon. Und du bist Alice, stimmts? Ich hab schon echt viel von dir gehört. Du bist Gesprächsthema Nummer 1 an dieser Schule. Wusstest du das?« Ich schüttelte den Kopf. Die konnte aber viel reden. Wie ein Wasserfall. »Naja, ist ja egal. Komm wir gehen in die Cafeteria. Hannes, Kevin und Ronja warten bestimmt schon.« Sie lachte und zog mich mit sich mit. In der Cafeteria angekommen, setzte sie sich an einen Tisch, an dem schon drei weitere Personen saßen. Ein Mädchen und zwei Jungen. Das Mädchen musste Ronja sein. Sie hatte kurze, schwarze Haare und musterte mich mit einem interessierten Blick. Den einen Jungen kannte ich, er war ebenfalls in meiner Klasse und hieß Kevin. Den anderen kannte ich nicht, aber ich wusste, dass er in meiner Parallelklasse war. Das musste Hannes sein. Er hatte eisblaue Augen und seine dunklen Haare gaben dazu einen starken Kontrast. Er lächelte mich freundlich an und ich lächelte unsicher zurück. »Ihr kennt doch sicher alle Alice, oder?«, fragte Lea ihre Freunde. Diese nickten und schauten mich an. Lea klopfte auf den Stuhl neben sich und grinste mich an. Langsam ließ ich mich auf den Stuhl fallen und blickte unsicher in die Runde. Plötzlich stand Kevin auf, warf mir und Lea einen vernichtenden Blick zu und ging. Ich wollte aufstehen und wegrennen, doch Lea hielt mich fest. »Der beruhigt sich schon wieder. Keine Angst«, sagte Lea mit einem Schulterzucken. Ich zog skeptisch eine Augenbraue hoch und alle lachten. So ging es weiter und sie fragten mich, wie es denn sei, nicht sprechen zu können. Ich versuchte mit Gesten und Mimik zu antworten. Manchmal musste ich die Antwort auch aufschreiben. Viel zu schnell klingelte es zum Unterricht und wir verabschiedeten uns voneinander. Lea machte die Beleidigungen der anderen erträglicher und ich war froh, dass sie meine Freundin war.

Noch 2 Wochen bevor ich starb

In der letzten Woche hatte ich meine neuen Freunde besser kennen gelernt. Ich erfuhr, dass

Hannes bei allen Mädchen sehr beliebt war und ich konnte das verstehen. Er war richtig süß. Lea war in jedem Fach so gut, dass sie später einmal auf ein College in Amerika ging. Über Ronja erfuhr ich nicht allzu viel, außer dass sie die Schwester von Kevin und begabt auf der Geige war. Ansonsten steuerte sie nicht viel zu unserer Unterhaltung bei. Kevin kam nicht mehr an unseren Tisch, weshalb ich ein schlechtes Gewissen hatte. Die anderen behaupteten zwar, dass er schon davor oft bei Jennifer war, aber ich glaubte ihnen nicht so richtig. Meine Beleidiger fanden immer wieder neue Gründe, um mich zu demütigen und es wurde noch schlimmer, als Hannes und ich uns näher kamen. Als Hannes mir einmal zum Abschied einen Kuss auf die Wange gab, brachte das bei Jennifer das Fass zum überlaufen. Als er weg war, kam sie auf mich zugestampft. Ich sah mich um. Kein Lehrer weit und breit, der mich hätte retten können und Lea war gerade jetzt auf die Toilette gegangen. Ich schluckte. »Hey, du behinderte Schlampe! Wenn du Hannes noch einmal anschaust, wirst du es bereuen, klar? Er gehört mir!« Ich wette, sie hätte mich am liebsten auf der Stelle umgebracht, aber sie gab mir nur eine Ohrfeige. Sie betrachtete mein Gesicht, das jetzt vor Schmerz brannte. Zufrieden drehte sie sich um und stolzierte davon. Kurz darauf kam Lea zurück und fragte, warum mein Gesicht so rot sei. Ich zuckte nur mit den Schultern. Das mit Jennifer musste ich allein hinbekommen.

Noch 1 Woche und 3 Tage bevor ich starb

Ich ging Hannes nun schon vier Tage aus dem Weg und Lea fand mein Benehmen sehr seltsam. Sie sprach mich allerdings nicht darauf an, weshalb ich ihr dankbar war. Vielleicht dachte sie, ich hätte Bindungsängste, aber das war mir egal. Solange das mit Jennifer noch nicht geklärt war, gab es keine andere Lösung. Ich schlenderte zu meinem Spind und wurde diesmal nicht von Beleidigungen verfolgt. Diesmal war es Geflüster und es beunruhigte mich. Kopfschüttelnd schloss ich meinen Spind auf und holte meine Bücher. Es klingelte und ich beeilte mich, um noch rechtzeitig in Mathe zu kommen. Hannes kam mir entgegen und ich drehte um, damit ich ihm aus dem Weg gehen konnte, aber es funktionierte nicht. Mit verschränkten Armen blieb er vor mir stehen. »Was fällt dir eigentlich ein? Wie konntest du das nur behaupten?« Seine Augen funkelten zornig. Verwirrt sah ich ihn an. Was meinte er denn? »Ach tu doch nicht so unschuldig! Ich weiß genau, dass du es warst! Warum gibst du es nicht einfach zu?« Hannes schüttelte den Kopf. Ich wurde aus ihm nicht schlau. Was wollte er denn von mir? »Jedenfalls will ich nichts mehr mit dir zu tun haben, okay? Geh mir einfach aus dem Weg.« Und mit diesen Worten ging er weg. Ich sah ihm entgeistert nach. Was war das denn eben gewesen? Kopfschüttelnd ging ich zu meinem Unterricht.

Noch 1 Woche bevor ich starb

Ich saß allein an einem Tisch in der Cafeteria. Meine Freunde waren alle bei Jennifer und lachten über irgendetwas. Dabei war sie es doch gewesen, die behauptet hat, Hannes und ich wären zusammen. Dennoch dachte jeder, ich wäre es gewesen. Seit Hannes mir die Freundschaft gekündigt hatte, redeten auch Lea und Ronja nicht mehr mit mir. Sie hatten sich von mir abgewandt. Ich konnte sie verstehen. Wer wollte schon eine Lügnerin als Freundin. Jetzt war ich jeden Tag allein. Niemand redete mit mir. Nicht mal die Lehrer. Ignoriert zu werden war noch schlimmer als die Beleidigungen. Keiner wollte mich auf dieser Schule haben. Ich seufzte. Bald war dieser Schultag zu Ende und ich musste keinen von ihnen mehr sehen. Ich hatte eben noch nie richtig zur Gemeinschaft gehört. Diese Schule hatte mir das gezeigt. Wenn ich ehrlich war, dann hatte ich nie eine wirkliche Chance in dieser Welt zu überleben. Ich konnte mich nicht verständigen. Selbst Gehörlose hatten eine bessere Chance als ich. Es klingelte und ich seufzte wieder. Bald hatte ich es geschafft.

Noch 3 Tage bevor ich starb

Die Tage vergingen schleppend und es redete immer noch keiner mit mir. Ich passte nicht mehr auf und erlebte die Welt wie in Watte gehüllt. Worte drangen nicht mehr an mein Ohr und meine Mitschüler nahm ich nicht mehr wahr. Ich ging wie ein Zombie durch die Welt. Dass keiner mit mir redete, machte es nicht besser. Ich fühlte mich nutzlos und ausgelaugt. Ich wusste nicht, was mich davon abhielt vollkommen zu verkümmern, aber ich war dankbar, dass es etwas gab. Dieses Etwas hielt mich am Leben.

Der Tag an dem ich starb

Der Tag begann ganz normal. Ich ging in die Schule und die Stunden vergingen, ohne dass ich etwas tat. In der Mittagspause saß ich wieder in der Cafeteria und beobachtete meine alten Freunde. Sie hatten anscheinend Spaß. Besonders Jennifer und Hannes. Plötzlich beugte Jennifer sich zu ihm und küsste ihn. Auf den Mund. Der Apfel, von dem ich gerade abgebissen hatte, fiel mir aus der Hand. Ich wusste jetzt, was mich am Leben gehalten hatte. Er. Die Tatsache, dass ihn kein anderes Mädchen interessiert hatte. Dass er mich immer noch mochte, genauso wie ich ihn. Diese Tatsache war nun keine Tatsache mehr. Es war nur noch eine Hoffnung. Ein Traum. Ich schüttelte benommen den Kopf. Endlich gab ich meinen Widerstand auf. Ich ließ meine Selbstmordgedanken frei in meinem Gehirn spuken. Die Gedanken, die ich schon seit einer Woche verzweifelt versuchte zu unterdrücken. Immer noch benommen rannte ich aus der Cafeteria. Wo sollte ich nur hin? Ich sah mich um. Ein paar Straßen weiter war eine Baustelle mit einem Kran. Rechts von mir stand die Sporthalle. In meinem Kopf drehte sich alles. Ich war vollkommen unzurechnungsfähig. Eine Gefahr für meine Mitmenschen. Mein Atem ging schnell und stoßweise. Tränen rannen mir über das Gesicht. Ich gehörte nicht hier her. Ich gehörte nicht auf diese Welt. Meine Beruhigungsversuche funktionierten nicht. Ich hörte Schritte hinter mir und drehte mich um. Durch meine tränenverschleierten Augen sah ich Hannes. »Alice?« Seine Stimme klang besorgt. Ich wollte ihn nicht sehen und rannte weg in Richtung Baustelle. »Alice, warte doch!«, rief er mir nach und ich hörte Schritte hinter mir. Er folgte mir. Ich rannte schneller und war zwei Minuten später angekommen. Hannes folgte mir immer noch. Wie ein gehetztes Tier sah ich mich um, bis ich fand, was ich gesucht hatte. Den Kran. Schnell ging ich auf ihn zu und fing an zu klettern. Immer höher. Ich wusste, Hannes würde mir nicht folgen, denn er hatte Höhenangst. »Alice, komm wieder runter! Du tust dir sonst noch weh!«, schrie er mir von unten nach. Ich wusste nicht, ob er es sehen konnte, aber ich bleckte ihm die Zunge. Der konnte mich mal. Sollte er doch zurück zu seiner Jennifer. Bei diesen Gedanken musste ich wieder losheulen. Wegen den ganzen Tränen sah ich nichts mehr und griff ins Leere. Ich konnte mich gerade noch halten und kletterte weiter. Was Hannes machte war mir egal. Mein Kopf war leer. Ich wollte nur nach oben. Es fing an zu regnen und die Sprossen der Leiter wurden nass. Trotzdem kletterte ich weiter. Als ich auf der Plattform am Ende des Krans ankam, hörte ich auf. Ich setzte mich hin und weinte. Weinte, weil das

Leben unfair war. Nach einer Weile hörte ich unter mir Autos und Leute. Ich sah nach unten. Hannes hatte die Polizei gerufen. Durch ein Megafon rief ein Mann zu mir hoch, ich solle jetzt langsam und vorsichtig runterkommen. Ich konnte nicht ewig hier oben sitzen und beschloss nach unten zu klettern. Allerdings hatte ich nicht vor langsam und vorsichtig zu klettern. Sollten sie doch Angst um mich haben. Viel zu schnell stand ich auf und rutschte aus. Ich konnte mich gerade noch so mit einer Hand festhalten. Wenn ich jetzt losließ würde die ewige Qual vorbei sein. Ich würde meine Eltern wieder sehen. Ich schloss die Augen und lächelte. Von unten sagte der Mann mit dem Megafon etwas, doch ich hörte es nicht. Ich ließ los. Eine entsetzte Stimme schrie meinen Namen. Hannes. Ich lächelte ein letztes Mal und genoss den Fall. Ich fühlte mich schwerelos und frei wie schon lange nicht mehr. Viel zu schnell prallte ich auf den Boden. Der Schmerz war nur kurz, danach spürte ich nichts mehr. Ich war tot.

Unter Wasser

von Erik Hecht

Alpträume waren nichts Unübliches. Ich hatte genug, um daran gewöhnt zu sein. Daher blieb ich ruhig, während ich in jene Tiefen sank, die kein Licht kannten. In diesem namenlosen Ozean brauchte ich keine Luft. Hier spielte es keine Rolle, ob meine Augen offen oder geschlossen waren. Hier war ich nicht bewegungsfähig, obwohl das Wasser keinen Widerstand bot.

»He, du«, eine Stimme, die weder männlich noch weiblich war, sprach zu mir, »Was tust du hier?«

Ja, ich überlegte, was ich an diesem fremden Ort tat. Ein flaues Gefühl beschlich mich. Dieser Traum war anders als sonst. Für gewöhnlich konnte man in einem Traum nicht bewusst nachdenken, aber das tat ich doch just in diesem Moment. Denken, überlegen, als wäre ich wach.

»Ich träume ..., nicht wahr?« Ich musste weniger sicher geklungen haben als beabsichtigt, denn die fremdartige Stimme lachte, bevor sie sagte: »Ja, ein Traum. Herrlich, oder etwa nicht? Vielleicht möchtest du ja hierbleiben?«

Das kam etwas plötzlich. Mehr sogar. Ich hatte das Gefühl, mein Mund stünde offen. Die Möglichkeit dieses Vorschlags stellte ich nicht in Frage.

Ich musste mich sammeln, bevor ich antwortete: »Warum sollte ich das wollen? Ich kann mich nicht bewegen.«

Ich sah die Person, die zu mir sprach, nicht, wusste nicht einmal, ob es überhaupt mehr war als eine Stimme, deren Ursprungsort ich nicht kannte, doch im Augenblick meiner Frage hatte ich das Gefühl gehabt, sie hätte gelächelt.

»Du kannst sprechen. Sobald du dich noch weiter von deiner Realität entfernt hast, wirst du dich auch bewegen können«, erklärte die Stimme und ich zweifelte, warum auch immer, kein einziges Wort an.

»Warum sollte ich das wollen?«, wiederholte ich und erneut beschlich mich das Gefühl, die Stimme würde lächeln. »Warum nicht?«

Wie ein Spiegelbild im Wasser erschien vor meinen Augen eine Szene, die mir keineswegs unbekannt war:

Im Auto roch es trotz geöffneter Fenster nach Erbrochenem. Es gab schon einen Grund, warum ich den Notfallkübel mitgenommen hatte. Der Gestank blieb, aber ich musste mir nicht die Mühe machen, nachher jeden Winkel meines Babys zu schrubben. Die drei Jungen auf den Rücksitzen, keiner älter als siebzehn, schienen sich daran nicht sonderlich zu stören. Einer übergab sich hin und wieder, ansonsten wirkte er ziemlich weggetreten, die anderen beiden hatten offensichtlich ihren Spaß. Sie lachten über Dinge, denen ich nicht ganz folgen konnte, weil ich nicht dabei gewesen war und mich auf das Fahren konzentrieren musste. Letzteres war der einzige Grund, warum sie mich angerufen hatten oder sich überhaupt mit mir abgaben. Leute, wie ich, die niemanden hatten und sich doch nach Kontakt sehnten, waren leicht auszunutzen.

»Sind das deine Freunde?«, fragte die Stimme diesmal mit einem süffisanten Unterton, »Sind sie der Grund, warum du sie so liebst, deine Realität?«

Natürlich waren sie das nicht. Das waren Leute, denen ich als Chauffeur diente, weil sich andernfalls niemand für mich interessierte. Das waren drei unter Dutzenden.

»Oder vielleicht ist es ja deine Familie, an der du so sehr hängst?«, fuhr die Stimme fort.

Die Szene vor meinen Augen begann sich zu ändern. Ich sah das in Flammen stehende Haus, das mich seit Kindertagen in meinen Alpträumen verfolgte, meine neue Familie mit zwei sich liebenden Eltern und einer Tochter, die fünf Jahre älter war als ich. Ich sah, wie sich dieselben Eltern wegen nichts anbrüllten und meine Schwester mir die Schuld an allem gab. Ich sah einen Vater, der seine Familie verließ, eine Mutter, die vergaß, dass sie Kinder hatte und eine Schwester, die zu ihrem Verlobten ins Ausland zog. Zurück blieb ein Junge, der hoffte seine Mutter würde ihre häufig wechselnden Beziehungen nicht mit nach Hause nehmen.

»Das reicht jetzt«, murmelte ich, löste meine Augen allerdings nicht von der Spiegelung im

Wasser, die mein Leben zeigte. »Kannst du etwas Besseres bieten?«

»Das kann ich«, behauptete die Stimme und schien abzuwarten. Es fühlte sich an als hätte ich bereits eine Ewigkeit geschwiegen, bis sie weitersprach: »Was hältst du von einer Welt, die dich nicht von sich stößt? Ich rede von einer Welt, in die du gehörst.«

»Dieser Ozean?«, schlussfolgerte ich.

»Ganz recht«, die Stimme klang zufrieden, »Du bist klüger als deine Noten erwarten lassen.«

Wäre das hier kein Traum, hätte ich mich gefragt, woher sie so viel über mich wusste.

»Immerhin ist das hier dein Reich«, erklärte sie, »Was hält dich in deiner Realität? Dort hast du nichts und niemanden. Dort gehörst du nicht hin. Aber hier ist ein Platz, den nur du einnehmen kannst. Du gehörst in die tiefen Wasser der Traumwelt, Herr der Ozeane.«

Noch bevor ich etwas erwidern konnte, wurde ich durch das schrille Klingeln eines Weckers aus dem Schlaf gerissen.

In der Schule dachte ich immer noch über diesen merkwürdigen Traum nach. Was hatte das zu bedeuten gehabt? Gab es überhaupt eine Bedeutung? Und wie real war das alles gewesen? Hatte ich nicht nur im Traum geglaubt, ich könnte frei denken und sprechen? Schließlich hatte ich nicht angezweifelt, was die Stimme versprochen hatte, egal wie unsinnig sich alles im wachen Zustand anhörte. Was diese Stimme selbst anging, mein

Kopf schmerzte, sobald ich mich an ihren Klang erinnern wollte. War es am Ende nicht sogar meine eigene Stimme gewesen, die mir mein bisheriges Leben vorgehalten hatte? Ich verzog das Gesicht und rieb mir die Schläfen. Die Anderen, die mit mir am Tisch in der Cafeteria saßen, achteten nicht darauf. Ich fühlte mich wie ein Unsichtbarer oder jemand, der von weitem beobachtete. Keiner achtete auf mich. Es war immer dasselbe, in der Schule wie Zuhause. Wer interessierte sich schon für jemanden, der nichts Interessantes zu bieten hatte? Meist war ich da, aber für andere selten anwesend.

Was auch immer die Stimme in meinem Traum gewesen war, sie hatte nicht Unrecht: Hier war kein Platz für mich. Nicht hier, wo ich allein unter allen war. Was gab es zu verlieren? Wenn ich ohnehin nur geträumt hatte, konnte ich der Stimme genauso gut Glauben schenken.

Die Schulglocke kündigte das Ende der Pause an und ich folgte einer Gruppe Fremder, die mit mir am selben Tisch gesessen hatte, zu den Kursräumen.

Wie ich dieser Monotonie wohl entfliehen konnte?

Dinge, die ein Frankfurter nicht sagt: »Grüß Gott!«

Jeder ist Ausländer – fast überall.

von Sonja Böll

Der Frankfurter Bevölkerung wird nachgesagt, sie sei unfreundlich.
Das stimmt.
Ich stehe in Frankfurt und niemand spricht mit mir.
Weil Hochhäuser bestaunen langsam langweilig wird, versuche ich jemanden anzusprechen.
»Hallo, ich bin heute zum ersten Mal in Frankfurt!«
Ein desinteressierter Blick trifft mich.
»Kann es sein, dass du aus ›Bayern‹ kommst?«
Mist.
Aufgeflogen.
Das kleine Schwarze und der Blazer konnten meine Herkunft wohl doch nicht vertuschen.
Dann stürmische Begeisterung.
»Voll geil, hast du auch so ein ›Dirndl‹?«
»Ja ...«
»Witzig, hast du das auch dabei?«
»Klar, ohne würde ich niemals verreisen, hab ja sonst keine Klamotten ...«

Ortswechsel. Disco Frankfurt.

Ich lehne an einem Stehtisch und beobachte die jugendliche High Society in Anzügen und mit

Champagnerflaschen auf dem Tisch.
Ein Mann kommt auf mich zu, er hat sich sichtlich Mühe gegeben sofort als Tourist enttarnt zu werden mit dem Cappy, dem Brustbeutel und dem ›I love Germany‹ T-Shirt.
Ein breites Grinsen auf seinem Gesicht.
Er hat offensichtlich das Bedürfnis sich mir mitzuteilen.
»Ich komme aus der Schweiz und bin jetzt hier in Frankfurt!«
Ich versuche so zu tun als wäre ich taubstumm und blind zugleich.
»Ist das nicht super geil?!«
Super geil.
Ich kann meine Begeisterung kaum zurückhalten.
»Und wo kommst du her?«
»Aus Bayern.«
Ich frage mich, ob der Stehtisch irgendwo eine Markierung hat ›Für Nicht-Frankfurter reserviert‹.
»Haha guter Witz, nein im Ernst wo kommst du wirklich her?«
Ich versuche jetzt nicht mehr witzig zu klingen, wobei ich bei meiner vorherigen Äußerung nicht unbedingt lustig sein wollte.
»Aus Bayern.«
Kurze Denkpause.
»Bayern ist super geil. Ich war auch mal in Bayern, in Garmisch-Partenkirchen!«
»Na super, dann hast du ja schon alles von Bayern gesehen. Und als Nächstes eroberst du ganz Hessen.«
Ein zufriedenes Grinsen auf seinem Gesicht.

Ich wende mich ab und geselle mich zu den Frankfurter Anzugträgern. Hier spricht wenigstens niemand mit mir.

Ortswechsel. Hauptbahnhof.

Weil es regnet, befinde ich mich in der Halle des Hauptbahnhofes, die sowieso als Frankfurter Sehenswürdigkeit gehypt wird.
Nicht sehenswert.
Unerwartet spricht mich ein offensichtlich für Ordnung sorgen wollender Polizist an.
»Junge Dame! ...«
Ich hasse es, wenn mich jemand mit Titeln wie ›junge Dame‹, ›junges Fräulein‹, ›junge Frau‹ oder dergleichen anspricht und damit vorgibt, besonders höflich zu sein, indem er mich siezt, aber dennoch mein jugendliches Alter erwähnt.
»Junge Dame! Ich möchte Sie darauf hinweisen, dass es hier Taschendiebe gibt.«
Wahnsinn. Es trifft mich wie ein Fausthieb ins Gesicht. Taschendiebe. In Frankfurt. Am Hauptbahnhof. Unfassbar.
Ich muss scharf darüber nachdenken, ob es dem Polizisten wirklich ein ernstes Anliegen war die Reisenden vor der Gefahr von Taschendieben zu warnen oder ob er mich einfach nur verarschen wollte.
Ich spiele einfach mit.
»Ach so ist das. Vielen Dank!«
Zufrieden geht der Polizist weg.

Ich prüfe kritisch den Inhalt meiner Tasche: Hello Kitty Taschentücher, ein Hello Kitty Notitzbuch mit Plastikstift made in China, ein schwarzer Haargummi, 50 Cent in zwei 20 Cent und einer 10 Cent Münze, ein Labello, ein Feuerzeug und eine fast leere Packung L&M light.
Er hatte Recht, ich muss unbedingt vorsichtiger sein!

Ortswechsel. Münchner Straße. Pizzeria.

»Na, kommen Sie gerade von der Arbeit?«
»Nein, ähm, eigentlich arbeite ich nicht, ich mache Urlaub.«
Kurze Denkpause.
»Sie machen Urlaub? In Frankfurt?«
Ich nicke.
»Sie sind ja verrückt. Die meisten Leute in der Frankfurter Innenstadt kommen morgens in die Stadt zum Arbeiten und fahren abends wieder nach Hause. Hier kommt man nur wegen der Arbeit her. Und Sie machen Urlaub hier, verrückt.«
Ich nicke.

Ortswechsel. Taunusstraße. Bei Nacht.

»Eine im April 2011 durchgeführte Studie der Universität Greifswald über subjektives Sicherheitsempfinden der Bevölkerung von Frankfurt am Main ergab, dass sich 84 % der befragten Bürger tagsüber sicher oder sehr sicher vor Kriminalität fühlen; nachts sind es noch 71 %.«Quelle Wikipedia.

Man hört eine Polizeistreife.
Ich stehe an einem Kiosk, eine Ecke weiter wird Heroin oder was auch immer verkauft und unmittelbar konsumiert.
Auf der gegenüberliegenden Straßenseite preisen Prostituierte ihre Dienstleistungen an.
»Ein Clausthaler alkoholfrei bitte.«
Der Mann im Kiosk lacht herzlich.
Keine weitere Reaktion.
»Ich meine es eigentlich ernst, ein Clausthaler alkoholfrei bitte?«
»Ach so, ähm, also so etwas wollte noch nie jemand. Muss gucken ob ich das überhaupt hab.«
Er verschwindet in den Keller. Ich wusste bis jetzt nicht, dass Kioske Keller haben.
Triumphierend hält er eine Flasche Clausthaler Pils in der Hand, die ich ihm für viel Geld abkaufe.
Ich traue mich nicht auf das Mindesthaltbarkeitsdatum zu schauen.
»Sehr vernünftig, die Jugend sollte sowieso nicht so viele Drogen nehmen.«
Das Rotlicht spiegelt sich in den Scheiben des Kiosks.
Jetzt muss ich lachen. Man hört eine weitere Polizeistreife.

Ortswechsel. Klappergasse.

Ich sitze mit zwei neu gewonnen Freunden in einer Shishabar.
»Und, wie findest du Frankfurt bis jetzt so?«
Ich kann mich nicht genau festlegen, welches Adjektiv am zutreffendsten ist: hässlich, grau, laut, dreckig, groß, unromantisch, kapitalistisch, überlaufen, gefährlich, kriminell ...
Ich entscheide mich für ein ironisches »Top!«
Kurze Stille, dann Begeisterung.
»Sie weiß es, sie weiß es einfach!«
Ich habe keine Ahnung was los ist, aber grinse einfach nichtssagend vor mich hin.
Nach einiger Zeit: »Was denn überhaupt?«
Man belehrt mich, dass die zwei wichtigsten Wörter in Frankfurt ›top‹ und ›schäbig‹ seien.
Nun ist es offiziell: Ich bin ein Frankfurter!
Nach weiterem Nachdenken komme ich zu dem Schluss, dass ›schäbig‹ doch besser gepasst hätte. Egal, seit dem Abend in der Shishabar mit den Mäusen unter den Sitzbänken und den angekokelten Sitzpolstern war ich eine von ihnen.
Top!

Der Fremdling

von Tobias Benzinger

Ich erinnere mich noch heute an den Tag, als sie plötzlich neben mir saß. Einfach so. Völlig ungeniert saß sie da und musterte abwechselnd mich, das Buch in meiner Hand, und dann, abgelenkt von einem zwitschernden Vogel oder einem vorbeikommendem Radfahrer, wieder die Geschehnisse umher. Und noch heute frage ich mich oft, warum sie sich so dreist neben mich setzte. Denn dabei mache ich wirklich keinen freundlichen oder gar einladenden Eindruck. Ich bemühe mich auch nicht darum, ganz im Gegenteil. Wenn ich über den Campus laufe oder in irgendwelchen völlig belanglosen Veranstaltungen sitze, dann trage ich eine eisige Mine, darin habe ich Übung, es hält mir schon jahrelang nervtötende Konversationen vom Hals. Und auch wenn ich mit einem meiner Bücher auf meiner Lieblingsbank, meinem angestammtem Platz im Park, sitze und lese, strahle ich eigentlich nicht gerade den Wunsch nach Gesellschaft aus, das versuche ich tunlichst zu vermeiden.

Schon ab dem ersten Tag an der Universität war mir klar, dass diese Bank mein Lieblingsplatz werden muss. Etwas abgeschieden vom Weg, durch ein Gebüsch vom gröbsten Lärm der lästigen Welt um mich und die Literatur herum abgeschirmt, hat mich diese Oase der Einsamkeit sofort angesprochen. Ich sitze hier nach der letzten Veranstaltung in lauen Sommerabenden oft bis spät in die Nacht, lese was mich gerade bewegt oder bewundere den stillen, dunklen Sternenhimmel und denke nach. Mancher hält mich sicherlich für verrückt, hier auch noch nachts im spärlichen Licht der von toten Fliegen deutlich abgedunkelten Straßenlampe zu sitzen. Doch auf die Meinung anderer habe ich noch nie viel gegeben, und manchmal bilde ich mir ein, dass es gerade die Kombination dieses schummrigen Lichts mit dem Schein des so unfassbar weit entfernten Mondes ist, die mir zu einer besonderen Wachheit, einer besonderen Klarheit beim Lesen dieser grandiosen Werke genialer Köpfe verhilft.

Es war ein sonniger Nachmittag im Mai, der Frühling hatte den Kampf gegen die letzten kläglichen Versuche des vergangenen Winters nunmehr vollständig gewonnen, als sie plötzlich auf mich und meine Bank zukam. Ich sah sie schon von weitem, ihr glänzendes kastanienbraunes Haar, sie schien den Weg nicht wirklich entlangzulaufen, sie schien ihn entlangzuschweben. Und ehe ich mich versah, hatte sie sich schon neben mich gesetzt. Völlig ohne zu zögern oder zu fragen. Einfach so. Wie immer verschanzte ich mich anfangs vehement hinter meiner Gedichtsammlung, die ich gestern erst zu lesen begonnen hatte. Doch nach fünf Minuten beschlich mich langsam das Gefühl, dass sie nicht wirklich vorhatte, so schnell wieder zu verschwinden. Für gewöhnlich wäre ich in solchen Situationen dann gegangen, ich mag es nicht, wenn mich irgendjemand in meiner Ruhe stört. Schon gar nicht bei Poesie und noch viel weniger an diesem, meinem Platz. Ich wäre aufgestanden, hätte den Störenfried mit einem verächtlichen Blick gestraft und wäre mit zügigen Schritten von dannen gezogen, um erst am nächsten Tag wieder zurückzukehren und mich von der grässlichen Störung zu erholen. Doch ich tat es nicht. Es passierte nichts. Ich blieb und hatte zunehmend das Gefühl, nur noch durch die Buchstaben hindurchzustarren, anstatt sie wie gewöhnlich aufzusaugen.

Schon immer hatte ich es nicht vertragen, in meiner Ruhe verletzt zu werden. In der Schule war ich ein Einzelgänger, oft als Griesgram oder Eigenbrötler bezeichnet, immer allein, und doch nie ohne etwas Lesbares in den Händen anzutreffen. Doch durch diesen Ruf, den ich zugegebenermaßen nicht ohne Stolz trug, hatte ich Frieden vor dem Rest der Welt, und genau das war es wohl, was mich so an diesen mir von außen zugesprochenen Eigenschaften freute. Auch zu Hause war ich nie anders, ganz im Gegensatz zu meinen Schwestern. Ich hatte schon früh das Gefühl, das vollständige Gegenteil zu ihnen darzustellen. »Der arme Junge, bei den Geschwistern muss man ja komisch werden, und dann auch noch als Jüngster!«, diagnostizierten zwangsläufige Verwandte, die sich durch solche und auch durch andere, ähnlich verblüffende Meisterdiagnosen regelmäßig als begnadete Hobbypsychologen und vollendete Menschenversteher bewiesen. Es war eine Erlösung, nach bestandenem Abitur endlich aus diesem Haus auszuziehen in meine ruhige, schummrige Einzimmerwohnung: Altbau, dicke Wände, wenig Störlärm. Eine WG wäre nicht infrage gekommen, und wenn ich unter der Brücke hätte schlafen müssen. Ich mag keine Gesellschaft – eigentlich.

»Was liest´n da?«, machte sie sich nach 10 Minuten des stillen Musterns nun doch bemerkbar. »Ein Buch ...«, kommentierte ich, abrupt herausgerissen aus der inneren Ursachenforschung, weshalb ich nicht schon längst aufgestanden und gegangen war. »Aha ...« Ja, so kannte ich mich wieder eher, gar nicht erst so etwas wie ein Gespräch provozieren. Für einen Moment war meine Ordnung wiederhergestellt. Aber nur bis zu dem Moment, in dem mir schlagartig klar wurde, wie schade ich es fände, falls sie nun aufstünde und ginge.

Erlöst stellte ich fest, dass sie nicht aufgehört hatte das Buch in meinen Händen anzustarren. Meine Verschlossenheit schien ihr Interesse geweckt zu haben. »Was´n für´n Buch?«, legte sie nun nach. Ihre Frage erfreute mich, es war vielleicht das erste Mal, dass mich die persönliche Kontaktaufnahme eines Menschen wirklich freute. »Heine, Gedichte. Ein herrliches Feld ...«, schwärmte ich. »Kenn ich nich‹. Hab ich nich‹ so viel Ahnung. Lies ma‹ vor!« Und ich begann zu zitieren: Aus alten Märchen winkt es hervor mit weißer Hand, Da singt es und da klingt es von einem Zauberland ...

Und aufs Neue hatte ich mich überrascht. Eigentlich verabscheue ich es, Bücher mit anderen zu teilen. So naiv die Vorstellung vielleicht auch ist, in dem Moment in dem ich ein Buch lese, gehört es ganz alleine mir, die enthaltenen Buchstaben scheinen nur für mich auf den Seiten zu stehen und laden mich ein in eine entfernte Welt, in welcher es nur Platz für mich alleine und die Worte gibt. Ich hasse es, wenn jemand versucht einen Blick in mein Buch zu erhaschen, dort hat niemand etwas verloren. Es befiel mich zeitweise sogar die irrationale Angst, jemand könne mir durch das blanke Lesen etwas wegnehmen. Und sicher niemals wäre ich auf die Idee gekommen, nicht nur fremde Augen in meinem Buch zu dulden, sondern sogar daraus zu rezitieren. Eigentlich – bis heute.

Sie schien tatsächlich nicht viel Ahnung von Lyrik zu haben und auch allgemein nicht von Literatur. Das merkte man ihren Kommentaren sofort an. Und doch ging sie in einer Weise mit dem Vorgelesenen um, die mir gefiel. Meine Wörter schienen bei ihr gut aufgehoben, sie schien jedes einzelne zu würdigen und zu genießen. Sie verschwand erst nach über einer Stunde, und kaum war sie weg, hatte auch ich keine Freude mehr länger auf der Bank zu sitzen. Am nächsten Tag war sie wieder da, völlig ohne Absprache, und ich zitierte wieder Heine.

Dies ging nun schon mehr als eine ganze Woche so. Jeden Tag tauchte sie wieder auf, ich hatte natürlich in der jeweils vorherigen Nacht schon eifrig Gedichte gesucht, die ihr besonders gefallen könnten, um sie am nächsten Tag wie zufällig aufzuschlagen und daraus vorzulesen. Von einem Tag auf den anderen aber kam sie nicht mehr. Anfangs hoffte ich, es sei nur eine Ausnahme gewesen, dann malte ich mir aus ich hätte sie gelangweilt. Am letzten Nachmittag hatte sie neben der Parkbank ihre Stofftasche liegen lassen, ein schäbiger Beutel, in welchem sich nur eine Modezeitschrift, ein Lippenstift und eine Flasche Wasser befanden. Innseitig eingenäht war außerdem eine Adresse.

Nach zwei weiteren Tagen, an welchen mir meine früher so innig ersehnte Einsamkeit quälend vorkam, fasste ich allen Mut zusammen und machte mich auf den Weg zur verzeichneten Adresse. Ganz am Ortsrand stand ich nun da, vor einem Heim für schwer erziehbare Kinder und Jugendliche. Nachdem ich mehrere Minuten etwas weltfremd vor dem Eingang herumstand und nicht weiter wusste, kam plötzlich ein Mann auf mich zu, der wohl irgendetwas zwischen Hausmeister und Betreuer sein musste, der Optik nach war er jedenfalls beidem gleichermaßen zuzuordnen. Er erkannte die Tasche und bedankte sich, sie habe sie bei der Abreise schon vermisst. »Abreise?« – So sehr ich mich auch bemühte einen freundlichen Ton anzuschneiden, blieb meine Frage doch monoton und eisern, wie ich es jahrelang eingeübt hatte. »Ihre Eltern haben beschlossen, sie doch wieder zu sich zu holen. Kann man nichts machen. Danke dir, die Tasche werde ich nachschicken.«

Ich kannte noch nicht einmal ihren Namen, geschweige denn ihre Adresse oder ihren neuen, alten Wohnort. Ich habe die halbe Nacht gegrübelt, ob ich den Hausmeister-Betreuer hätte fragen sollen, ob er mir Auskunft gegeben hätte, aber ich hatte ja nicht einmal ein Wort so herausgebracht wie ich es wollte. Zudem war ich mir zu sicher, dass er sowieso keine Informationen hätte preisgeben dürfen. Eigentlich ist das doch immer so.

Am nächsten Tag versuchte ich, auf meiner Bank zum gewohnten Tagesablauf zurückzukehren. Nach dem letzten Seminar, das quälend langsam wie immer verstrich, machte ich mich auf den Weg zu meinem Lieblingsplatz. Da saßen wir also nun wieder, Heine und ich. Geliebte Ruhe, ersehnte Stille. Und doch war es nicht mehr das Gleiche.

– TB

Circle of Life

von Lukas Geiger

Es fliegt! Meine Damen und Herren, haben sie ein Mäppchen schon einmal so fliegen gesehen? Ein Harry Potter ohne Besen. Ein Vogel ohne Flügel. Und trotzdem dieses engelsgleiche Flugverhalten. Diese wunderschöne parabolische Flugbahn ... seine aerodynamischen Eigenschaften scheinen im Vergleich zum Vorgängermodell stark weiterentwickelt worden zu sein. Die Welt steht still, und wartet auf diesen einen Moment. Ja, da ist er: der Moment. Mäppchen trifft auf seinen Gegner, den Schulhof. Schulhof ist gefürchtet bei Mäppchen, denn viele Nutznießer parken auf ihm und lechzen nur nach frischen Füllfederhaltern und anderen zerbrechlichen Innereien von Mäppchen. Schulhof und Mäppchen rasen aufeinander zu. David gegen Goliath. Die Menge jubelt. *Flatsch.* Es ist entschieden. David hat seine Steinschleuder vergessen. Goliath besiegt David. Die Mäppcheninnereien werden naturgemäß wiederverwertet. Vorbei. Es ist vorbei. Ich beendete mein gelungenes stilles introvertiertes Kommentieren der Situation, nachdem ich diesen Kampf angezettelt hatte. Nicht mit meinem Mäppchen, aber mit dem von David, meinem Nebensitzer. Der hatte sich kurzzeitig gewehrt, folgte dann jedoch auch dem Kampf von Schulhof und Mäppchen zumindest beeindruckt. »Arschloch, du sammelst gefälligst mein Mäppchen wieder ein! Sonst ...«, schrie David mich an.

Er hatte es wohl nicht verkraftet, dass sein Mäppchen verloren hatte. Es war doch ein fairer Kampf gewesen?! Da muss man doch auch verlieren können. »Sonst, sonst ... was machst du sonst? Gehst du zum Lehrer und petzt?« »Wenn du noch einmal meine Sachen anrührst, ja, dann petze ich.« Ich verdrehte genervt die Augen. Typisch keinen Spaß verstehen. Mathe begann. Malen nach Zahlen. Langweilig. Mathe eben. Ich versuchte mich zu konzentrieren. Nach fünf Minuten hatte ich den Anschluss zum Lehrer verloren. David wollte einen Stift von mir. Ich gab ihm einen Stift, unter der Bedingung, dass er mich nicht verpetzt. Er wusste, wenn ich ihm keinen Stift geben würde, würde ihm auch kein Anderer einen geben. Ich kritzelte auf meinem Arm rum. Wieder langweilig. Ich kritzelte auf Davids Arm rum. Dass meine Zeichnungen hässlich wurden, dafür konnte ich wirklich nichts. Musste David sich auch so wehren. Er hätte ein kostenloses Kunstwerk auf seinem Arm haben können, so wurden es Strichmännchen mit Penis und Möpsen. Ein Zwitter.

David? David! David, wie haben Sie das damals erlebt? Das mit dem Mäppchen, daran erinnere ich mich gar nicht mehr so genau. Ich erinnere mich überhaupt an ganz wenig aus der Zeit. *An was erinnern Sie sich denn?*

Dass ich nicht mehr gern in die Schule ging. Dass ich mich verändert habe. Dass ich mich so unsicher gefühlt habe. *Sie hatten Angst?* Ja aber so diffus. Ich weiß gar nicht wovor genau. *Vielleicht, dass ihr Mäppchen wieder aus dem Fenster fliegt?*

Hmmm, nein es waren noch andere Dinge. Ich glaube es ging nicht ums Mäppchen. *Haben Sie damals jemandem von ihrer Angst erzählt?* Lange nicht. Einmal hab ich nach dem Unterricht ... Nein, schon beim Rausgehen aus dem Klassenraum geheult. Ich konnte es nicht mehr zurückhalten. *Dafür müssen Sie sich nicht entschuldigen.* Ja ich hab dann geheult. *Gab es einen Grund warum sie es dieses eine mal gezeigt hatten?* Nein ... oder, wenn ich jetzt so darüber nachdenke. Es kam mir vor, als hätte ich vor dem Klassenzimmer gewartet. *Gewartet worauf?* Auf dieses Mädchen. *Diese Mädchen?* Nein, genau genommen stimmt das nicht ... auf das Mädchen, das Mädchen in das ich verliebt war. Sie war als einzige noch im Klassenraum. *Und kam das Mädchen?* Ja es kam. *Und dann?* Nichts dann. Sie ist dann an mir vorbeigegangen. *Glauben Sie, sie hat Sie nicht gesehen?* Das habe ich mir auch lange eingeredet. Aber nein, sie hat mich gesehen, sie hat mich sehen müssen. *Dann hat sie nur so getan, als hätte sie Sie nicht weinen sehen?* Ja. *Sie hatten sich diesem Mädchen innerlich geöffnet und dann das, keine Reaktion.* Ja!?. Schweigen. *Was ist mit ihren Eltern, haben Sie es denen erzählt?* Wochenlang nicht. Monate lang nicht. Dann, dann hab ich an einem Tag all meinen Mut zusammen genommen und hab es meiner Mutter erzählt. Es war einer dieser Momente, wo man denkt, jetzt oder nie. Sonst war niemand zuhause. Es war die Gelegenheit. Denn bei uns zuhause war sonst nie viel Ruhe. *Und was haben Sie gesagt?* Alles, was ich herausbrachte war: Du Mama, in der Schule, die ärgern mich immer alle. Ich war so kurz vor dem Heulen ... *Und ihre Mutter, wie hat sie reagiert?* Sie, sie hat gesagt. Sie hat gesagt: David, dann darfst du dich nicht immer so schnell ärgern, die spüren das und ärgern dich noch mehr. Und dann: Dann hab ich gelächelt. *Sie haben gelächelt?* Ja. *Aber Sie wollten nicht lächeln.* Nein, das wollte ich nicht. Aber der Moment war weg. Es war vorbei. Das was ich eigentlich sagen wollte, das kam einfach nicht über meine Lippen. *Was kam nicht über Ihre Lippen?* Das die anderen das dauernd machten. Dass sie mich in den Bauch schlugen mitten im Unterricht, wenn der Lehrer gerade zur Tafel schaute. Dass sie komische Laute machten, wenn ich redete. Und dass ich dann den Ärger vom Lehrer bekam, wenn ich mich lautstark verteidigte. *War da noch mehr?* Ja einmal hat mir auch einer mitten im Unterricht an den Penis gefasst. *Und all das haben Sie nicht über die Lippen gebracht.* Nein, ich hab es nicht geschafft. Ich habe mich so geschämt. *Und was passierte nach diesem Gespräch?* Ich bin erst einmal raus gegangen und ich bin gerannt. Ich weiß nicht mehr wohin und ich hab geweint. *Sie haben sich unverstanden gefühlt?!* Ja. Seitdem hab ich nicht mehr darüber gesprochen. *Wieso?* Naja ich war doch selber Schuld. Dieser Satz, der verfolgt mich heute noch. Irgendwas muss doch mit mir nicht stimmen. Ich meine warum machen die das denn? Ich muss was Falsches an mir haben, etwas in mir oder an mir bringt die Anderen dazu. Ich bin schuld. *Wie geht die Geschichte weiter?*

Ich ging ans Fenster im Klassenzimmer. »Heute mach ich es endlich«, dachte ich dann. Ich fühlte mich so wie bei König der Löwen auf dem Fels. Da wo das kleine Löwenjunge Simba von Raffiki, diesem Affen, in die Luft gehoben wird und sich alle Tiere vor dem gerade geborenen Jungtier verbeugen. Es war, als wäre ich einst Simba gewesen. Ach, ist nicht jeder zu Beginn seines Lebens Simba? Diese Idee, König zu sein oder Prinzessin, wenn wir mit Puppen spielen. Ich habe früher auch mit Puppen gespielt. Komisch, dass ich Ihnen dass jetzt erzähle, das behalte ich sonst eher für mich. Jedenfalls fühlte ich mich wie Simba vor diesem Fenster. Es kam mir vor, als hätte ich hier schon mal gestanden. Vor langer Zeit, vor so langer Zeit, dass es in dieser Zeit noch keine Worte gab für meine Gefühle. Nur Bilder wie das von Simba. Aber jetzt, wo ich vor dem Fenster stand, da war ich nicht mehr Simba, ich erinnerte mich nur daran, es mal gewesen zu sein. Nur eine Erinnerung ... ein Verlust, den ich in diesem Moment zu spüren begann und der so heftig schmerzte, dass mir Tränen aus den Augen tropften. Ich war Simba, der seinen Vater getötet hatte oder es zumindest glaubte getan zu haben. Es war ganz echt dieses Gefühl. *Was meinen Sie mit ›ihren Vater getötet‹? Sie haben Ihren Vater doch nicht wirklich getötet?* Nein, das habe ich nicht. Das war ein Gefühl. Ein Gefühl von Schuld. Der Vater, er war doch der Grund, warum es mich gab, mich Simba, durch den Vater erhielt ich das Recht auch einmal König zu werden. Den *Vater zu töten bedeutete also den Anspruch auf die eigene Herrschaft verloren zu haben?* Wenn Sie es so ausdrücken wollen. Schweigen. ›Lauf, lauf weit weg und komm nie mehr zurück!‹ So hab ich mich gefühlt. *Aber Sie konnten nirgendwo hin laufen.* Nein das konnte ich nicht. Ich stand stattdessen vor dem Fenster auf meinem Königsfelsen und starrte auf den Schulhof und dann machte ich bedächtig das Fenster auf. Um mich herum war das übliche Pausengeschrei, aber in mir da war alles ganz ruhig. Ich stieg auf die Fensterbank. In dem Moment kam mir nochmal ganz stark dieses Bild, wie mich Rafiki in die Luft gehoben hatte und alle gejubelt hatten. Ich nahm Rufe hinter mir wahr. Erste Schreie und in diesem Moment sprang ich. Oh es war so befreiend, zu spüren das gleich alles zu Ende geht. Und dann kam ich auf. Es tat nicht weh. Im Fallen hatte ich mich nach vorne gedreht. Mein Kopf schlug auf einer Bank auf und mein Bauch wurde aufgespießt, von so einem Pfosten. Ich weiß nicht, was der da sollte. Ich glaube nach meinem Tod wurde der dann auch entfernt. Die Parkbank hatte mir sicher die Hälfte meiner Zähne ausgeschlagen und die lagen da jetzt so auf dem Pausenhof und meine Eingeweide quollen aus mir heraus. *Sie lachen bei der Vorstellung? Amüsiert Sie diese Vorstellung?* Nein, eigentlich nicht. Es befreit mich irgendwie, auch das jetzt so auszusprechen. Und wenn ich mir das anschaue. Ja doch, es hat etwas Komisches. Es ist wie dieses Mäppchen, von dem

Matthias vorher erzählt hat. *Sie sind das Mäppchen?* Ja aber meine Eingeweide, die will niemand haben. Davor ekeln sie sich. *Sie lachen schon wieder!* Ja es macht mich glücklich, mir das vorzustellen. *Was macht Sie glücklich?* Das alle da jetzt hinschauen. Über mir dicht ans Fenster gedrängt und auf dem Pausenhof. Wie schockiert sie sind. Und manche schreien und Lehrer kommen angerannt. *Bei Ihrem Mäppchen da kam keiner angerannt? Da hat keiner geschrien?* Nein, keiner hat geschrien. Ich meine das war ja auch nur ein dummes Mäppchen. Langes Schweigen. *Sie weinen.* Schweigen. *Wie geht es Ihnen jetzt Matthia?.* Ich weiß nicht was ich sagen soll. *Ich auch nicht, vielleicht das was Sie sagen wollen? Wollen Sie etwas sagen?* Es war doch nur Spaß. *Hat es Spaß gemacht?* Ja, ich glaube schon, ich weiß es nicht mehr. Ich mein der David. Der übertreibt ja auch immer. Das mit dem Fenster ist doch nie passiert, sonst wäre er doch nicht hier. *Da spricht Matthias etwas an. Was sagen Sie dazu: ›Das ist doch gar nicht so passiert?‹ Sie sind nie gesprungen.* Nein, leider nicht. Nicht mal das hab ich geschafft. Schweigen. Es hört sich verrückt an, aber manchmal stelle ich mir vor, ich hätte das genauso gemacht. *Was wäre dann passiert?* Dann hätten es alle gesehen. *Keiner hätte an Ihnen vorbei gehen können, wie es das Mädchen getan hatte, in das Sie verliebt waren.* Schweigen. *Matthias, welche Rolle spielen Sie im König der Löwen?* Sie wollen jetzt darauf hinaus, dass ich Scar bin. Nein, ich bin nicht Scar! Ich meine ich will nicht Scar sein. Wer will schon Scar sein? Was soll das Ganze überhaupt mit diesem Bild ... Ich meine als David jetzt davon erzählt hat. Das hat mich schon irgendwie aufgewühlt und berührt. Aber ich bin nicht Scar. Wenn dann will ich Simba sein, der bekommt am Ende schließlich auch die Prinzessin. *Scar bedeutet auf deutsch Narbe.* So gesehen wäre ich ja Scar, ich hab die Narben – David, ich hab auch meine Narben. Schweigen. Matthias: Ich will auch Simba sein. *Kann denn nur einer Simba sein?* Schweigen. Lustig, irgendwie muss ich nach dem ganzen Gelaber über den König der Löwen an den Titelsong denken. Circle of Life. Vielleicht will wirklich jeder nur Simba sein. Mein erster Gedanke bei Circle of Life ist so der pure Überlebenskampf. Man muss kämpfen, um mächtig zu sein. Man muss kämpfen, um ein Simba zu werden. Und dann auf dem Weg Simba zu werden, zieht man sich tiefe Narben zu. Wir wollen alle Simba sein, und werden irgendwie zu Scar.

Das war unsere Sitzung zum Circle of Life. Kreisläufe des Lebens zeichnen unser Sein. Mufasa liegt uns tot zu Füßen. Auf dass wir uns in schweren Zeiten darauf besinnen. From the day we arrive on the planet. And blinking, step into the sun. There's more to be seen than can ever be seen. More to do than can ever be done. Some say eat or be eaten. Some say live and let live. But all are agreed as they join the stampede. You should never take more than you give in the circle of life. Some of us fall by the wayside. And some of us soar to the stars. And some of us sail through our troubles. And some have to live with the scars. Märchen schreibt die Zeit. In des Dichters Kleid. Und wenn sie nicht gestorben sind, dann leben sie noch heut. Und ich? Ich will jetzt gleich König sein!

Rebecca

von Sophia-Marie Zimmermann

Wenn ein Mann über mir lag, die Bettkante im Sekundentakt gegen die Wand stieß und sie zum Beben brachte, schloss ich meine Augen. Das dumpfe, gleichmäßige Stoßen ließ mich manchmal träumen. Träumen ist das falsche Wort, habe ich gelernt. Es ließ meine Gedanken fliehen.

Jeden Abend bevor die Sonne untergeht, hört man in meinem Dorf die Frauen Fufu stampfen, sie stampfen Kochbananen und Cassava in einem Mörser zu Brei. Als Kind war das für mich der schönste Moment des Tages. Die Hitze war vorüber, stattdessen lag alles in einem so milden Abendgelb, es roch nach Feuer. Und dieses Stampfen, dieses gleichmäßige dumpfe Stampfen, war so beruhigend, dass ich manchmal schon vor dem Essen einschlief. Oft spielte auch Musik irgendwo, die Hühner gackerten und später zirpten die Grillen so laut.

Ich weiß nicht wie oft ich an diese Abende, an Zuhause gedacht habe und das Stoßen zum Stampfen werden ließ. Manchmal beruhigte es mich, manchmal zerriss es mein Herz in unzählige Fetzen. Und in so einem Moment wusste ich nicht was schlimmer war, die Realität oder die geflohenen Gedanken, die sich dann nicht mehr einfangen ließen, und anfingen um sich selbst zu kreisen. Vielleicht wären sie in Meeren von salzigen Tränen ertrunken, aber Tränen, die gab es nicht mehr. Man hatte mir gesagt, ich müsse die Zähne zusammenbeißen und manchmal, manchmal legte ich meine Zunge dazwischen, um zu spüren, dass ich noch am Leben war. Am Anfang habe ich weinen können, habe mich übergeben, Wut und Scham empfunden. Aber damals dachte ich auch, die Männer, die zu mir kamen, wären Menschen. Sie waren es nicht. Und ich? Schmeckte den faden Geschmack meiner blutigen Zunge – und lebte noch.

Tag für Tag arbeitete ich und ohne Wochenende von 10 Uhr früh bis 6 Uhr am nächsten Morgen, dann holte ich die sorgsam im braunen Pappkarton verstaute weiße Leinendecke unter dem Bett hervor, spannte sie immer mit der gleichen Seite nach unten über die Laken, die Geschichten von Abscheulichkeiten erzählen konnten, und ließ zumindest meinen Körper ruhen. Es ist erschreckend, dass ein Mensch existieren kann, ohne zu sein, was er ist. Und noch erschreckender, dass er vergessen kann, was er war. Eine Mauer aus billigem Make-up und unechter Perücke kann niemals lange Schutz bieten, und so nahm jeder Mann, Tag für Tag, ein Stück von mir, von dem, was ich war. Man bekam mich als Stella, neunzehn Jahre, ich war sechzehn, schwarze Exotik.

Das ist vorbei. Mit dem letzten Kunden waren die 60.000 abbezahlt, vielleicht war er Nummer zweitausend oder dreitausend, wer zählt das schon. Ich heiße Rebecca, 21. Was mir über die Zeit half, war die Hoffnung eines Tages frei zu sein.

Frei von allen, denen ich Zuhause in einem zeremoniellen Schwur mein Leben überlassen hatte. Keinen Tag verfluchte ich so sehr wie diesen, der sich immer und immer wieder in meine fliehenden Gedanken drängte. Auch nachts im Traum tauchte er auf, immer und immer wieder. Ein Juju-Priester, der mir Haare und Nägel abschnitt, das verblutende Opferhuhn neben mir und dieser penetrante Geruch von Verwesung und Schweiß. Sein Mark und Bein durchdringender Sprechgesang, im Takt der Sekere-Rassel. Ich konnte mich von ihm nicht lossagen, hätte meine Familie in Gefahr gebracht. Aber jetzt war sie verraten, meine Madame, Hüterin der Kinderseelen. Das machte eine Rückkehr nach Hause unmöglich, das wusste ich, sie würden mich finden, verstoßen, verfolgen.

Seit drei Jahren warte ich nun, gestern auf den Tag genau. Jeden Tag hoffe ich auf den Bescheid, bleiben zu dürfen. In diesem Land. Das ist kein Leben, ist es nicht. Jeden Morgen weckt mich die Angst, gehen zu müssen. Jemanden auf die Folter spannen. Ich habe keine Würde mehr; jeder Mann, Tag für Tag ein Stück von mir. Und jetzt? Zu viert gefangen in einem Raum der Perspektivlosigkeit, ohne Antrieb, ohne Wert und ohne Würde, umgeben von einem Vakuum der Abscheu und Gleichgültigkeit. Ich habe nichts verbrochen, bin ein gebrochener Mensch und frage mich, wieviel ein Mensch ertragen kann.

Die Zähne zusammenzubeißen. Aber es geht nicht mehr.

Ich stehe hier oben über den grauen Dächern der Stadt. Dem Himmel nah, Abgründen so fern, dazwischen ein gebrochenes Ich. Dumpf stampft mein Fuß den Takt meines Herzens. Bis der nach Süd wehende Wind mich packt und mir den Boden entreißt.

Eine komplizierte Beziehung

von Cinzia Tanzella

Seit zehn Jahren leben wir zusammen. Manchmal lässt sie mich einfach hängen und ich fühle mich wie ein Fisch auf dem Trockenen.

Sie ist klar und präzise, doch flexibel und klingt hart für fremde Ohren. Ich bin weniger genau, brauche feste Regeln, stehe auf lockere Einstellungen. Das sind wir: die deutsche Sprache und ich.

Vier Jahre habe ich gebraucht, um einen vollständigen und korrekten Satz auf Deutsch zu bilden. Erstmal ging es eine Weile darum, die Reihenfolge Subjekt-Verb-Objekt wie Maria kocht Nudeln zu fixieren, dann die Reihenfolge zu tauschen, Nudeln essen die Kinder, schließlich den Satz zu erweitern. Dabei lautete die Frage: in der Küche oder in die Küche? Das Dativ-Akkusativ-Dilemma dauerte Jahre.

Mein Repertoire bestand anfangs aus schlichten Sätzen, die mit »ich« anfingen. »Du« und »wir«-Sätze überließ ich meinen Gesprächspartnern. Es reichte bloß zu fragen: »Und du?«, »und ihr?«

Die dritte Person Singular sie, er, es vermied ich aus verschiedenen Gründen: 1) Weil es sich nicht gehört, über Dritte (schlecht) zu sprechen! Dieser Grund schloss automatisch die dritte Person Plural »sie« aus! 2) Weil man bei ›er‹ und ›sie‹ ganz vorsichtig mit der Konjugation der starken Verben sein muss: Er fährt und nicht er fahrt. 3) Wegen ›es‹. Ich habe ›es‹ bereits im Punkt 2 weggelassen.

Bis heute habe ich mich noch nicht an das Genus Neutrum gewöhnt.

Am Anfang war ich ein ziemlich zurückhaltender Mensch, hatte wenig zu sagen und mir waren Sätze ohne ›Aber‹ und ›Wenn‹ lieber. Die Unterhaltungen mit Anderen glichen Vernehmungen, auf die ich mit einzelnen Wörtern antwortete. In erster Linie war ich damals mit Verstehen Lernen beschäftigt.

Meine logische Vorgehensweise, die deutsche Sprache zu lernen, wurde von gelegentlichen Ereignissen erschüttert. Einmal bat mich eine nette Frauenstimme während eines Telefonats, meinen Namen zu buchstabieren. Das tat ich auf meine Art. Die Dame erwiderte mit Namen von Menschen, die ich nicht kannte. Was hatten Theodor und Anton vom Nordpol zusammen mit Emil und Ludwig auf einem Zeppelin mit mir zu tun? Später begriff ich, dass diese ein Teil meiner deutschen Identität waren.

Nach ein paar Jahren verstanden wir uns – eigentlich ich sie, die Sprache – besser und mir wurde klar, dass es Zeit war, endlich mal mit längeren Sätzen anzufangen. Ich blieb noch bei meiner Strategie, das heißt, nur das Nötigste sagen! Wie in jeder komplizierten Beziehung war das Begründen nötig: Ich kann nicht, weil ich ...«. Weil-Sätze verlangen das Verb am Ende des Satzes. Ich musste zuerst den Hauptsatz korrekt formulieren, dann ein Komma einsetzen (es ist kein Scherz! Ein Ausländer, der Deutsch lernt, denkt auch an Kommas, wenn er etwas sagen will!). Nach ›weil‹ konnte ich alles außer dem Wichtigsten, d.h. dem Tunwort, einfügen und dieses schließlich erst am Satzende einsetzen. Kompliziert, nicht wahr? Es war die Zeit, in der ich für einen Satz die Konzentration brauchte, die man braucht, um einen Ikea-Schrank zu bauen. Ich verlor ständig den Faden, vergaß das Verb, beendete oft den Satz nicht.

Damals bemühte ich mich auch Dass-Sätze zu üben: Ich weiß, dass du mich komisch findest. Aber Als-, Wenn- und Falls-Sätze vermied ich aus Prinzip. Ich bin der Meinung, in schwierigen Beziehungen ist es besser, nur bei den Tatsachen zu bleiben, keine falsche Vermutungen zu machen (wenn du ..., wenn ich ...) und die Vergangenheit nicht wieder aufzurühren (als du ..., als ich ..., als wir ...).

Bis zu diesem Zeitpunkt hatte ich mich auch mit phonetischen Merkmalen des Deutschen konfrontiert und aufgegeben ein -ö oder ein -ü wie ein native speaker auszusprechen. Unsere Beziehung wurde leichter. Ich wurde offener und geselliger. Ich traute mich mehr zu sprechen und unter Leute zu gehen.

Manchmal rutschten mir falsche Wörter aus dem Mund. Rucksack oder Rücksack? Drücken oder drucken? Schuppe oder Schnuppe? Es passiert heute noch. Ich bleibe einige Sekunden still, denke nach, drehe die Augen nach oben, frage mich nach der richtigen Form, finde keine Lösung, komme ratlos zurück zur Realität. Meine Gesprächspartner starren mich an, als ob ich eine Außerirdische wäre. Das bestätigt mir, dass ich einen Fehler gemacht habe, aber ich erfahre nie, was für einen, denn meine Zuhörer sind zweierlei Art: 1) Die Lockeren. Sie hören zu und entweder lachen sie mich aus (so empfinde ich es) oder lachen bloß (so würden sie es sagen), finden die Unrichtigkeiten lustig, verbessern mich aber nicht, weil sie beim Lachen die Wörter vergessen; 2) Die Ernsten. Sie haben gute Manieren, unterbrechen das Gespräch nie, nicken und hören aufmerksam zu, überhören jedoch meine Fehler.

Trotz allem erwarb ich ein gewisses Sprachbewusstsein. Doch mit einer bestimmten Kategorie Wörter, nämlich mit den deutschen Komposita, blieben einige Unsicherheiten. Aus irgendeinem Grund vertausche ich die Reihenfolge der enthaltenen Teile. In der Bäckerei ist es mir oft passiert.

»Ein Spitzkorn, bitte.«

»Wie bitte?«, fragt die Verkäuferin laut. Hinter mir eine Schlange von Kunden, die ganz Ohr sind.

»... ein Spitzkorn«, wiederhole ich zögernd und leise.

»Ein Kornspitz«, sagt sie mit einem verächtlichen Ton.

Es ist absurd, wenn man daran denkt. Für eine Sonnenblumenkernsemmel muss man so lange die Luft anhalten! Wenn es mindestens zwei Wörter wären, könnte man dazwischen einatmen. Ein Sonnenkern(Pause)blumensemmel würde ich wahrscheinlich sagen. Am besten sage ich nichts und zeige auf das Brot mit der Hand.

Abgesehen von Komposita und den verschiedenen Semmelsorten war ich mir sicher, dass ich endlich einwandfrei zu verstehen war. Einige Ereignisse ließen mich aber ahnen, dass es noch nicht so weit war. An etwas hatte ich noch nicht gedacht: an meine Aussprache. Ich sprach Deutsch mit dem melodischen Tonfall des Italienischen, betonte die Endungen und neigte dazu, Vokale am Ende der Wörter einzufügen, wo sie nicht hingehören, oder das ›h‹ an der falschen Stelle auszusprechen und an der richtigen wegzulassen: Ich gehe haus. Eute ist sehr schöne.

Ich bat eine Freundin von mir, die Schauspielerin ist, mir ein paar Aussprache-Stunden zu geben.

»Das werde ich nie machen!«, antwortete sie. »Deine Aussprache ist so charmant.« Nach diesem Kompliment gab ich auf, die richtige Sprachmelodie nachzumachen. Aber das Aussprechen einzelner Wörter bereitete mir immer wieder Schwierigkeiten.

Seitdem ich begonnen habe, die deutsche Sprache zu lernen, habe ich immer Wörter wie Höhe, höhlen (mit der verdammt schwierigen Kombination der Laute h und ö, die in meiner Muttersprache nicht existieren), Wörter wie Hörnchen und Eichhörnchen vermieden, geschweige denn in der Nähe eines Waldes oder auf einem Berg zu leben, um alle Wahrscheinlichkeiten des Gebrauchs der erwähnten Wörter zu reduzieren wie auch Hörnchen zu kaufen (in Notfällen hätte ich das französische Wort dafür verwendet). Dementsprechend hielt ich mich bis heute auch von Männern mit für mich unaussprechbaren Namen wie Jörg, Björn, Horst fern. Schließlich ging ich Wörtern mit Pfwie Pfütze, Pfötchen, Pfau aus dem Weg und Gott sei Dank war ich von Anfang an in Bayern vom gutturalen ›R‹ verschont!

Dann passierte etwas, das mich zwang, meine Weglass-Strategie zu perfektionieren. Ich war letzte Woche in der Kantine. Die Vitrine neben der Kasse war wie immer voll mit Brötchen, süßem Gebäck, Torten. Ich hatte Lust auf etwas Süßes, keine Schokolade, keine Sahne. Ich spürte, es war die Zeit gekommen, den Mut zu fassen, die Sprachbarriere völlig zu überwinden.

»Entschuldigen Sie, was sind das für Hörnchen?«, traute ich mich die Dame hinter der Theke zu fragen.

»Wie bitte?«, erwiderte sie verwirrt. Daraus schloss ich, dass mein Versuch gescheitert war. Geschickt wich ich auf das Fremdwort aus.

Ich weiß nicht, was von meinen fast perfekt ausgesprochenen »Croissant« hinter dem Büfett angekommen war. Die Dame sah mich an, schüttelte den Kopf und sagte mit einer ernsten Miene, die mich beängstigte:

»Chorsaal? Das hier ist kein Chorsaal. Das ist ein Speisesaal!«

Ich war entsetzt.

»Was soll es sein?«, tönte es grauenvoll von hinter der Theke. Was hätte ich sagen können? Gibt es noch ein drittes Wort für Hörnchen?

»Ein Cappuccino, bitte«, rutschte mir spontan raus.

An dem Tag gab ich die Hoffnung auf, Croissants zu essen und erfand eine neue Strategie beim

Brotkaufen: I.R.A.: Italian Revenge Attack. Ich mustere die Verkäuferin und wenn eine lange Schlange hinter mir steht, dann weiß ich, was ich kaufe: »Eine Ciabatta, bitte.«

»Wie bitte?« Die Verkäuferin wirft mir einen Blick zu, der wahrscheinlich sagen will: »Hey! Wie sprichst du?«

»Eine Cia-batta«, wiederhole ich laut und selbstsicher, betone die erste Silbe ohne -i, im Gegensatz zu den Deutschen, die das -i mitsprechen, halte Blickkontakt.

Die Verkäuferin traut sich nicht etwas zu sagen. Sie mustert mich, schaut meine schwarze Locken an. Wahrscheinlich hat sie mich früher für eine Türkin gehalten. Sie holt das Brot, wiegt das Stück. Sie blickt mich wieder für einen Augenblick an. Ich grinse.

»2,90 €«, sagt sie. Ich zahle und verlasse das Geschäft stolz wie ein Pfau. Ich kann das Wort zwar nicht aussprechen, aber denken kann ich es schon!

Biografisches

ALEXÁNDER BÁLLY wurde 1964 geboren und wuchs vor allem im Pfaffenwinkel in Oberbayern auf. Nach dem Abitur absolvierte er eine Buchhandelslehre, studierte in München Theologie, arbeitete in einer Druckerei und bei Verlagen, dann verkaufte er wieder Bücher nahe am Viktualienmarkt. Im Jahre 2000 zog er in die Holledau und begann zu schreiben. Inzwischen sind mehrere Fantasy-Romane, ein Holledauer Krimi und eine große Weihnachtserzählung von ihm erschienen, doch er schreibt auch immer wieder kurze und ganz kurze Geschichten. »Das seltsame Hobby des bodenständigen Herrn Rieder« ist seine erste Veröffentlichung im Bayerischen Poeten- & Belletristik-Verlag.

MICHAEL VON BENKELS Bücher haben alle mit der Zahl 12 zu tun. Auch sein letztes Buch »Das Taxi – 11 wahre und eine erfundene Geschichte« über seine Zeit als Münchner Taxifahrer. Dies, um eine Brücke zu schlagen zu seiner Musik (12 Halbtöne) und zu seiner Malerei (12 Farben im Farbkreis). Zur Zeit spielt er in zwei Bands (»Between« und »Cash & Carry On«) und malt hauptsächlich Portraits, etwa eine Serie mit männlichen und weiblichen Serienmördern. Er leitet mit Jens Rohrer den Ingolstädter Autorenkreis und sitzt in einer Jury für einen bundesweiten Bandwettbewerb. Hauptamtlich spricht er Recht am Amtsgericht Ingolstadt, glaubt an ein Leben vor dem Tod und den Weltfrieden. Vielleicht nicht in diesem Leben und in dieser Welt, aber es schadet ja nicht, daran zu glauben.

Tobias Benzinger wurde 1992 im mittelfränkschen Weißenburg geboren. Nach dem Abitur am dortigen Werner-von-Siemens-Gymnasium begann er in Eichstätt das Studium der Germanistik und der Geographie auf Lehramt. Neben dem Vorsitz der Fachgruppe Germanistik ist er unter anderem auch als Hilfskraft in der DFG-geförderten Forschungsstelle für geistliche Literatur des Mittelalters aktiv. Das Schreiben von Kurzgeschichten hat er erst vor vergleichsweise kurzer Zeit für sich entdeckt.

Sonja Böll wurde 1993 in Roth geboren. Nach dem Realschulabschluss erlangte sie in Ingolstadt auf dem zweiten Bildungsweg das Allgemeine Abitur. Seit 2012 studiert sie in Eichstätt Lehramt für Realschulen mit den Fächern Englisch und Geographie und seit 2014 den Masterstudiengang Content and Language Integrated Learning. Die Reisen in ihrer Freizeit liefern die Erlebnisse für ihre Kurzgeschichten. Im Jahr 2013 erschien »Heimatkrise« im Sammelband »freundschaft.krisen«.

Stefan Brückl wurde 1985 in Erding geboren. Nach Realschule, einer Ausbildung zum Mechatroniker, Monteur, BOS, Studium und unzähligen Nebenerwerben ist er nun Doktorand der Literaturwissenschaften. Beim Bayerischen Poeten- & Belletristik-Verlag erschienen bisher zwei Kurzgeschichten von ihm. Eine Kurzgeschichte erscheint derzeit auch im Textkontor-Verlag.

Lukas Geiger wurde 1990 in Albstadt-Ebingen geboren. Nach dem Abitur begann er in Eichstätt sein Studium der Schulpsychologie. Nebenher schreibt er gerne an Kurzgeschichten, Gedichten und Theatertexten.

Erik Hecht wurde 1995 in Neuburg a. d. Donau geboren. Nach der Grundschule besuchte er zunächst die Realschule und wechselte später auf das Gymnasium Schrobenhausen. Im Jahr 2015 wird er sein Abitur schreiben.

Patrick Heggenberger, Jahrgang 1992, ist ein Nachwuchsautor aus Konstein. In seinen Geschichten bedient er das Genre Thriller, wobei sein Roman »Der Sammler« seine erste große Veröffentlichung darstellt. Auch war er bereits in den letzten beiden Anthologien des Bayerischen Poeten- & Belletristik-Verlages vertreten.

Michael Kleinherne, geboren 1964 in Westfalen, lebt in Bayern. Er arbeitet dort als Universitätsdozent für Kreatives Schreiben, als Kulturjournalist und Dramaturg. Er erhielt 2002 den Reportagepreis der Akademie der Bayerischen Presse in München. Im vergangenen Jahr erschien im bp-Verlag sein Romandebüt »Daniel«.

Der vorliegende Text »Ansichten« wurde bereits 2012 in seinem Kurzgeschichtenband »Drehpause« im Verlag Jos Fritz Freiburg veröffentlicht.

Miriam Lanz wurde 1993 geboren und studiert in Eichstätt Lehramt mit Hauptfach Geschichte. Bereits in der Schulzeit begann sie mit dem Schreiben und hat inzwischen eine Vorliebe für historische Kriminalgeschichten entwickelt, die sie zum Teil selbst online veröffentlicht. »Ferne Lichter« ist ihre erste Veröffentlichung im bp-Verlag.

Dominik Neumayr wurde 1987 in Ingolstadt geboren. Nach dem Abitur studierte er in Eichstätt Germanistik und Geschichtswissenschaft auf Lehramt und machte zudem einen Masterabschluss in Deutscher Sprachwissenschaft. Derzeit ist er Referendar in Gaimersheim. Dominik ist einer der Mitbegründer des Bayerischen Poeten- & Belletristik-Verlages und tritt gelegentlich bei Poetry-Slams auf. Im Jahr 2013 erschien sein erster Roman »Ausgespielt«.

Luisa Raithel wurde im Jahr 2000 in Weißenburg geboren. Sie besucht derzeit 9. Klasse der Staatl. Realschule Weißenburg. Da sie nach dem Abschluss der Mittleren Reife die allgemeine Fachhochschulreife anstrebt, hat sie sich für die Fachrichtung Fremdsprachen entschieden. Sie ist eine begeisterte Leserin von Jugendromanen verschiedenster Arten, bevorzugt aber Fantasyromane.

Die Kurzgeschichte »Todeskuss«, die sie zusammen mit ihrer Freundin Ann-Kathrin Schwegler, Jahrgang 1999, geschrieben hat, ist ihr erster öffentlicher Versuch sich als Jungautorin zu versuchen.

Jens Rohrer, geboren 1975 und dann groß geworden, lebt in Ingolstadt. Er schreibt seit einigen Jahren Kurzgeschichten, Gedichte und Romane. Eine Guerilla Lesung (unangemeldete Lesungen im öffentlichen Raum) in einem Lebensmittel Discounter in der Innenstadt brachte ihm den Beinamen »Che Guevara der Ingolstädter Literaturszene« ein. Er leitet zusammen mit Michael von Benkel den Ingolstädter Autorenkreis und organisiert mit Oliver Scholtyssek das »Wort im Wald«-Literaturzelt auf dem Open Flair.

Johannes Schweigardt wurde 1987 in Marburg geboren und lebt heute in Gunzenhausen. Nach seinem Studium der Germanistik und Geschichtswissenschaft in Eichstätt bereitet er nun ein Dissertationsprojekt im Fach Neueste Geschichte vor. Die Kurzgeschichte »Soziales Engagement« ist bereits seine zweite Publikation im bp-Verlag.

Cinzia Tanzella wurde 1974 in Bari (Italien) geboren. Nach der Abitur studierte sie englische und deutsche Sprach- und Literaturwissenschaft in ihrer Heimatstadt Bari und in Eichstätt. Sie lebt seit sechzehn Jahren in Deutschland, übersetzt Prosa und Lyrik, schreibt Bücher zum Thema »Italienisch als Fremdsprache« und ist Dozentin für Italienisch.

Gerhard Trautmannsberger wurde 1988 im bayerischen Pfaffenhofen a.d. Ilm geboren. Nach dem Abitur studierte er Deutsch und Geschichte auf Lehramt und promoviert nun an der KU Eichstätt in Neuester Geschichte. Gerhard ist einer der Mitbegründer des Bayerischen Poeten- & Belletristik-Verlages, in dem nach »Vergangenheitspartikel« im letzten Jahr auch sein zweiter Roman »Bernbichler, oder: Der Kommissar« erschien.

Robert Trautmannsberger wurde 1984 in Vilsbiburg in Niederbayern geboren. Heute lebt er in Geisenhausen und studiert in Eichstätt Geschichte. Die Erzählung »Eusebio« ist bereits seine dritte Veröffentlichung im bp-Verlag. Die große Inspiration für sein Schreiben sind die klassischen Horrorgeschichten H. P. Lovecrafts du E. A. Poes, diesmal gewürzt mit einer Prise Max Frisch.

Linus Ubl, 1992 in Nürnberg geboren, studiert nach dem Abitur am Musikgymnasium der Regensburger Domspatzen seit 2011 in Eichstätt Germanistik und Geschichte. Für das akademische Jahr 2014/15 ist er für ein Masterstudium an der Universität Oxford beurlaubt. Seine Interessen liegen vor allem in der Interdisziplinarität des Mittelalters und im Erzählen von Geschichte(n).

Sophia-Marie Zimmermann wurde 1988 im norddeutschen Emsland geboren. Nach dem Abitur verbrachte sie zunächst ein Jahr in Ghana, bevor sie ihr Bachelorstudium der Angewandten Afrikastudien an der Universität Bayreuth begann. An der KU absolviert sie ihren Master der Internationalen Beziehungen. Neben der erfogreichen Teilnahme an weiteren Schreibwettberwerben wurde sie als Stipendiatin der Bayerischen Akademie des Schreibens ausgezeichnet.

Kleinherne, Neumayr,
Trautmannsberger (Hrsg.)

freundschaft.krisen

Anthologie | 188 S. | TB | ISBN 978-3-944000-05-3

freundschaft

Freundschaft mit einem von den »Anderen«. Warten auf einen, der vielleicht nie kommt. Die Angst vor dem Fahren allein. Das Streben zu den Wolken. Von zwei Männern und einer Frau. Der Wunsch nach Aufmerksamkeit. Ein verlorener Freund. Die Spuren, die bleiben. Das wichtigste im Leben und Freundschaft am Ende.

krisen

Warum kriegt man die »Krise«? Schuldgefühle, die bleiben. Neu in dieser Welt. Der Ort, an den man gehört. Autofahren und Nasenbohren. Und man fragt sich: Was steckt »dahinter«?

Die Anthologie »freundschaft.krisen« vereint als Doppelband zwei unabhängige Kurzgeschichtensammlungen in einem Buch.

Michael von Benkel

Das Taxi – Elf wahre und eine erfundene Geschichte

Roman | 184 Seiten | TB | ISBN 978-3-944000-08-4

12 Fahrten, 12 Geschichten
Illustre Fahrgäste. Dubiose Ecken der Landeshauptstadt. Michael von Benkel zeichnet in seinen Geschichten das ereignisreiche Leben eines Münchner Taxifahrers. Einfach ist es nicht immer. Seien es Begegnungen mit randalierenden Holländern, ein Umtrunk mit einem älteren Herrn oder eine Damie im Catsuit und ganz unverhofft ihre Mitbewohnerin.

Elf der Geschichten sind genau so, wie sie geschildert werden, tatsächlich passiert. Nur eine Geschichte ist nahezu frei erfunden.
Aber wir verraten nicht, welche.

»Benkels Taxigeschichten lassen den Leser oft schmunzelnd, oft auch erschrocken zurück. Eine lesenswerte Entdeckung!«

– Dr. Gottfried von der Heydte, vormals Kanzler der Universität Eichstätt

Michael Kleinherne

Daniel

Novelle | 208 Seiten | TB | ISBN 978-3-944000-09-1

Daniel, Anfang 30, ist Single. Der Ex-Student jobbt in einem Münchener Altenheim. Nach der Arbeit streift er durch die Stadt auf der Suche nach sexuellen Abenteuern. Er hat Erfolg. Frauen lernt er schnell und unkompliziert kennen, ebenso rasch aber langweilt er sich wieder mit ihnen. Er nimmt sich, was er will, wodurch er immer wieder in schwierige oder komische Situationen gerät. Ein wirklich enges Verhältnis hat Daniel nur zu seiner Schwester Angela. Die beiden Scheidungskinder waren sich schon immer sehr nahe. Zu einer Patientin hat er eine besondere Bindung. Als er von ihrem tragischen Vorleben erfährt, will er dem nachgehen und begibt sich auf eine Reise, die ihn auch in seine eigene Vergangenheit führt. Bald wächst in ihm der Verdacht, dass es in seiner Familie ein dunkles Geheimnis gibt.

»Kleinhernes Text hat Witz und Drive.«
– Isabella Kreim, Kulturkanal Ingolstadt

Gerhard Trautmannsberger

Vergangenheitspartikel

Roman | 302 Seiten | TB | ISBN 978-3-944000-00-8

Unvermittelt steht Richard vor Franks Tür. Die einst besten Freunde sind sich mittlerweile fremd geworden. Seit zwei Jahren hatten sie keinen Kontakt mehr und das einzige, was sie noch zu teilen scheinen, ist die Erinnerung an die Frau ihres Lebens. Doch die Dreiecksbeziehung mit Petra ist längst ebenso Geschichte wie die Freundschaft der beiden. Was bleibt, sind die Erinnerungen. Vielleicht ist Richard gekommen, um die Partikel aus seinem früheren Leben wieder in Ordnung zu bringen und doch droht ihn und seinen alten Freund am Ende die eigene Vergangenheit einzuholen.

Dieses literarische Debüt spricht die ganz großen Fragen des Lebens an: Erfolg, Scheitern, Liebe, Freundschaft und das, was den Menschen im Innersten anzutreiben scheint: die Hoffnung.

Gerhard Trautmannsberger

Bernbichler, oder: Der Kommissar

Roman | 261 Seiten | HC | ISBN 978-3-944000-07-7

Der Herbst des Krisenjahres 1923. Der Ort: München. Kriminalhauptkommissar Bernbichler übernimmt noch einmal die Ermittlungen in einem Mordfall. Die Opfer sind osteuropäische Mädchen, die illegal in die Stadt gekommen waren. Zunächst scheint es überhaupt kein Motiv zu geben, bis es den Inspektor in ein Milieu zwischen Politik und Zwangsprostitution verschlägt, in dem ein einzelnes Menschenleben nicht viel zählt. Doch daneben quält den Alten auch sein privates Unglück und so rückt alles seinem unaufhaltsamen Ende immer näher, bis ein radikaler Schlußstrich das letzte ist, was zu tun bleibt.

»Der zweite Roman des Pfaffenhofeners Gerhard Trautmannsberger ist spannend geschrieben und nimmt am Ende eine überraschende Wendung. Vor allem überzeugt er durch eine gut nachvollziehbare Innensicht der Charaktere. Die Atmosphäre jener Zeit [...] wird spürbar.«

– Barbara Fröhlich, Donaukurier

Dominik Neumayr

Ausgespielt

Roman | 320 Seiten | TB | ISBN 978-3-944000-03-9

Markus ist ein griesgrämiger, unfreundlicher und alternder politischer Kabarettist. Doch von dem Erfolg einstiger Tage ist nicht mehr viel geblieben – das Geld, seine Frau und auch die meisten seiner Fans sind weg. Trotzdem organisiert sein Freund und Manager Franz nochmal eine Tour durch Deutschland. Markus wird dabei von dem jungen Nachwuchskabarettisten Karl begleitet, den er von vornherein nicht leiden kann. Nur dummerweise muss Markus seinen jungen Kollegen fördern, sonst wird Franz keine Tour mehr für ihn veranstalten. Mit Markus und Karl prallen zwei Welten aufeinander, die jedoch nur auf den ersten Blick unvereinbar erscheinen. Denn eigentlich sind sich beide Kabarettisten ähnlicher, als es zunächst scheint.

Dominik Neumayr nimmt den Leser in seinem witzigen Romandebüt mit auf die Reise quer durch Deutschland und schildert dabei das Aufeinandertreffen zweier Kabarettisten, die sich näher sind, als sie sich eingestehen wollen.

Patrick Heggenberger

Der Sammler

Roman | 400 Seiten | TB | ISBN 978-3-944000-04-6

Ich habe eine Leidenschaft, eine Berufung, ein Ziel. Ich will Perfektion. Wenn ich sie sehe, dann hole ich sie mir. Ich sah schon so viele Frauen mit perfekten Körperteilen. Und all diese Körperteile gehören jetzt mir. Abgetrennt von meinen Ex-Freundinnen. Und ich werde weitermachen. Eine innere Stimme drängt mich dazu. Und niemand wird mich aufhalten. Niemand.

Eine grausame Mordserie erschüttert die Vereinigten Staaten. Eine Bestie entführt Frauen, trennt ihnen einen Teil ihres Körpers ab und bringt sie anschließend um. Detective Chris Crane ermittelt fieberhaft in dem Fall, doch bislang bleiben die Erfolge aus. Die Zeit drängt und es werden immer mehr Leichen des „Frankenstein-Killers" gefunden. Erst ein Unfall seines Sohnes bringt ihn näher an sein Ziel, als ihm lieb ist. Zur gleichen Zeit ist auch der Altenpfleger Steven Ryan auf der Suche nach dem Mörder und kommt dem Monster dabei gefährlich nahe. Ein psychologisches Katz-und-Maus-Spiel hat begonnen und fordert schon bald seine Opfer.